# 吉田松陰の再発見

異国に眠る残影

山口栄鉄

芙蓉書房出版

# 「序」に代えて

　幕末の志士吉田松陰が、今一人の同志、金子重輔《じゅうすけ》を伴い下田沖に停泊中の黒船を目指して小舟を漕ぎ出します。このエピソードは今や多くの人に知られるようになって久しい。このとき、松陰の懐中には黒船の上官に託するための密書が秘められていました。その密書の初めの数行には次のように記されていました。

「我ら両人世界見物致したく候あいだ、その御船へ内密に乗り込ませくれられよ。もっとも異国へ渡ることは日本の大禁につき、このことを日本の役人たちへ御はなしなされ候ては、はなはだ当惑つかまつり候……」

　世界にただ一つ、この原文密書を蔵するのが米国東の果てのエール大学中央図書館古文書部です。しかし、このことはまだ「江湖に知られる」までにはいたっていません。私がその密書の存在を知ったのは、エール大学在職中のこと。そして、そのことを『中央公論　歴史と人物』十月号誌上に発表したのは一九七五年、今を去ること四十二年前のことでした。

そして時の経過は、まさに光陰矢の如しで、二〇一五年の春、エール大学学内では、再び松陰の名が話題になり始めました。その年三月五日と六日の二日間にわたって米国国内外の学究を集めて国際学会が開かれました。学会のトピックは「日本伝来の宝物―エール図書館の所蔵する前近代関係典籍と古文書」。全六部門のセッションの一つが、題して「エールと吉田松陰」でした。

学会が行われたのは、エール大学古文書部とは別のバイネキー古文書館です。エール大学の心臓部ともいわれる白亜の館で、外壁がすべて大理石で覆われ、窓が一つもありません。館内の照明といえば、その大理石の裏側からかすかに漏れる自然の陽光と柔らかい蛍光の灯りだけです。館内展示室には、活版印刷術発達初期の印刷物として知られ、世界に完本十数部しか残存しないといわれる、重量感あふれる十五世紀のグーテンベルグ聖書が展示されています。戦災を被ったことのない米国屈指の古文書館には、イギリスからもシェイクスピア研究の専門家がよく訪れます。

そのような西洋文明の粋を集める古文書館で幕末の志士松陰が話題になったのです。二十一世紀の学術研究の進展に私は驚きの念を隠せませんでした。それだけではありません。恐らく世界でも初めての松陰伝ではなかろうかと目される画期的な松陰論を残している、英国の文豪ロバート・ルイス・スティーブンソンの面影が心に甦《よみが》えり、感動を新たにしたひと時でもありました。

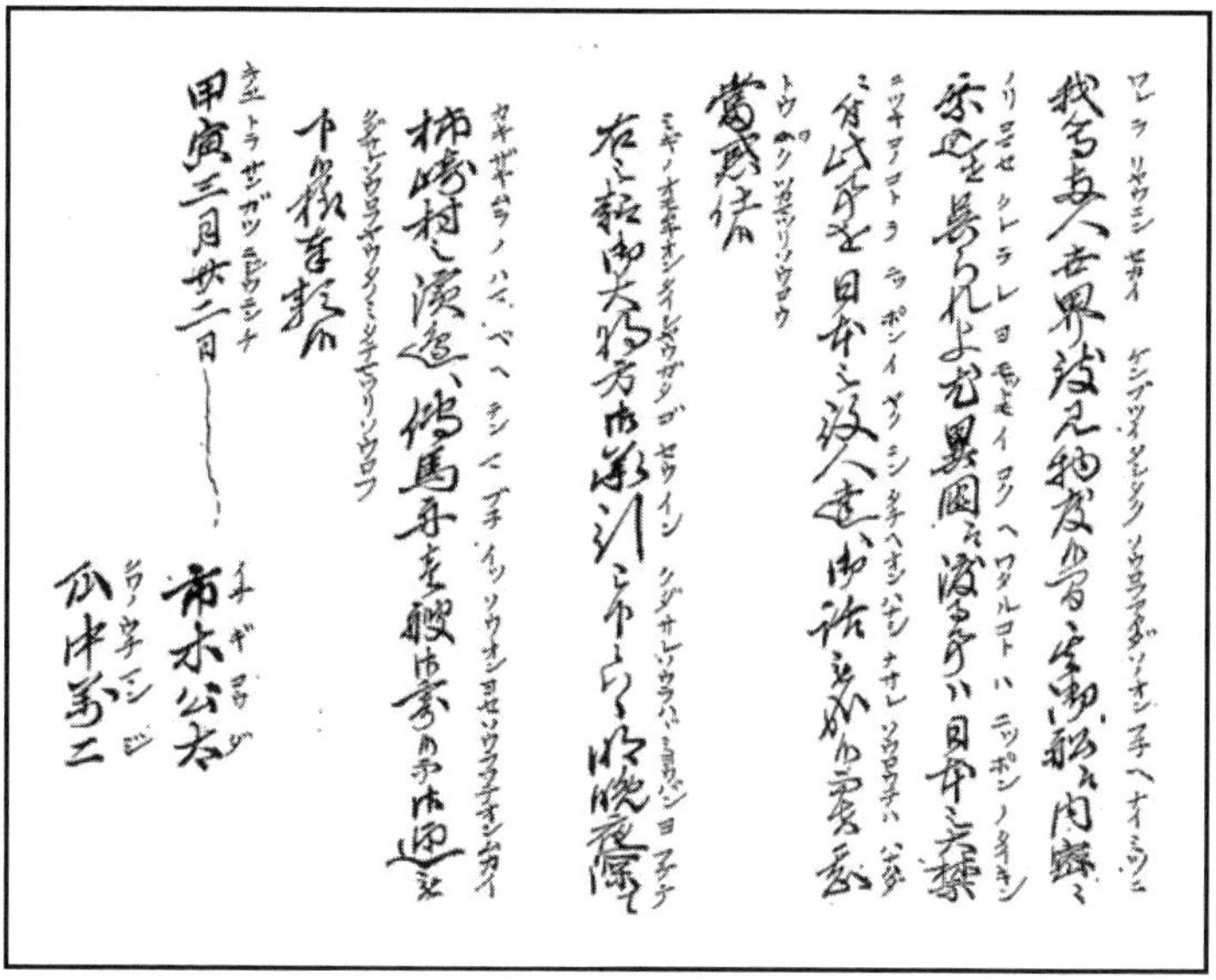

吉田松陰が黒船上の首席通訳官サムエル・ウェルズ・ウィリアムズに手交した自筆、真筆の密書（エール大学蔵「ウィリアムズ家文書」）

本書は、以下の三点を柱に構成されています。まず第一点は、そのエール大学での学会を初めとする「松陰再来、復活」の背景。次に黒船船上で、四十分にもわたって松陰と筆談を交わしているペリー提督直属の通訳官サムエル・ウェルズ・ウィリアムズと松陰の対面。そのウィリアムズは、後年中国学の権威として大成し、母校エール大学初の中国語教授という栄誉を担っています。そして、そのウィリアムズの遺志を継ぐかのように、終世エール大学にあって、初の日本人歴史学教授として令名を馳せた朝河貫一小伝、これを第三点とします。異国にあって、太平洋戦争勃発直前まで母国日本の行く末を案じていた朝河はまさしく現代の「憂国の士」でした。

かくすればかくなるものと知りながら　やむにやまれぬ大和魂
親思ふ心にまさる親心　けふの音信《おとづれ》何と聞くらむ

と、無念の心情を詩《うた》に託して世を去った幕末英傑の足跡を以下、私なりに追ってみたいと思います。

二〇一七年七月一日

米国東部鉄泉庵にて
山口　栄鉄

## 吉田松陰の再発見❖目次

注記：通常行われるふた通りの表記「エール」、「イエール」については、朝河コレクション、阿部善雄著『最後の日本人―朝河貫一の生涯』以来の伝統的表記「エール」に徹した。

第１章

❖

# 松陰復活の兆し

## ―世界に轟く名声―

# 1．吉田松蔭とエール大学古文書館

## 日本伝来の宝物展

二〇一五年代前後から米国、中国そして日本をとりまく各種国際学会の動きは、世界の舞台に新たな松蔭再来の兆しをもたらしつつある。国際舞台における「松陰復活」の動き、その背景には少なくとも学術上、非学術上数件の要因が存する。

その第一が二〇一五年早春、米国東部のエール大学で行われた学術会議である。そのテーマは「エール図書館の所蔵する日本伝来の宝物」。エール大学をはじめ米国内のコロンビア大学、プリンストン大学、ブランディス大学、ノースウェスタン大学、カリフォルニア大学、ペンシルバニア大学からの学究、英国と日本からはケンブリッジ大、東京大学史料編纂所、国文学研究資料館、関西大学関係者の集う研究学会だった。

吉田松陰

スターリング記念図書館として知られるエール中央図書館内にある古文書部とは別にキャンパス内にはバイネキー古文書館が独立の機関として存在する。学会の行われたそのバイネキー古文書館内では、学会と平行してエール東アジア研究部、図書資料コレクション関係者共同主催で「日本伝来の宝物展」が行われた。

学会は六部門に分かれ、「エールコレクションの淵源」、「エールと吉田松蔭」、「中世宮廷を垣間みる」、「エール図書館内の美術品―詩、絵画、プリント」、「江戸期の町、商人、地震」、「前近代の稀覯書、文書―将来への展望」をテーマとしていた。

ここでは、特に本稿の主題にかかわる「エールと吉田松陰」そして、松蔭自筆になる原文密書を所蔵する「ウィリアムズ家文書」に注目したい。

エール大学の日本関係古文書、典籍、手稿本の代表的なものには、バイネキー古文書館所蔵の「ラフカディオ・ハーン（小泉八雲）旧蔵書」、「シーボルト旧蔵書」、スターリング記念図書館内の「朝河貫一コレクション」、古文書部の「ウィリアムズ家文書」などが知られる。今回の学会で特に注目されたのが「ウィリアムズ家文書」と「朝河貫一コレクション」だった。

## ウィリアムズ家文書と私

まず、「ウィリアムズ家文書」については、筆者がエール大学在職中に「眠っていた松陰の密書」（『中央公論　歴史と人物』一九七五年十月号）と題して発表した論考中に紹介した「松陰密書」一件が、おそらく本邦初見であろうことを「エールと吉田松陰」セッションでの発表者のお一人、エール大学歴史学科のダニエル・ボツマン教授が指摘されたことを特に名誉に思う。

拙文「眠っていた松陰の密書」の発表は、今を去る実に四十二年前のこと。初めてエール大学古文書部の「ウィリアムズ家文書」に接したのは、さらにそれを遡る一九七〇年代初期の頃だった。ここでいうウィリアムズとは、ペリー提督率いる米国艦隊、黒船所属の首席通訳官サムエル・ウェルズ・ウィリアムズのことである。

夜更けの黒船艦上にて松陰と筆談を交わしているウィリアムズは、米国における初の中国語教師として晩年をエール大学で過ごした。このウィリアムズ家三代にわたる遺産が「ウィリアムズ家文書」であり、エール大学の誇る宝物である。

サムエル・ウェルズ・ウィリアムズ（エール大学蔵）

黒船艦隊が江戸湾へ向かうに先立って寄港している琉球国那覇では、琉球王府を代表する通事（通訳）板良敷朝忠や那覇在の英人宣教師ベッテルハイムらとも交流し、その様子をウィリアムズは、遺著『日本遠征随行日誌』に留めている。かつての琉球王国の息吹を伝える沖縄県那覇を故郷とする私は、特にウィリアムズと琉球王国との繋がりについて、松陰文書とも関連させながら以下の書において論じたことがある。

『琉球—異邦典籍と史料』（月刊沖縄社、一九七七年、新装版・榕樹書林、二〇〇〇年）

『異国と琉球』（本邦書籍、一九八一年、新装版・榕樹書林、一九九九年）

『英宣教医ベッテルハイム—琉球伝道の九年間』（照屋善彦著、山口栄鉄、新川右好訳、人文書院、二〇〇四年）

『外国人來琉記』（琉球新報社、二〇〇〇年）

『ビジュアル版　大琉球国と海外諸国』（琉球新報社、二〇〇八年）

### 松陰の死罪を伝える古文書の発掘

「エールと吉田松陰」セッションの報告者のお一人、歴史学科のダニエル・ボツマン教授による松陰の末路、死罪を伝える「安政六年　御仕置之者覚帳」発掘のニュースに学会参加者が沸いた。徳川幕府付きの浪人で代々「罪人斬首役」を担っていた山田浅右衛門一門に関する古文書一件がそれである。江戸時代より明治初期にかけて八代にわたって斬首刑執行役を拝命されていた山田浅右衛門一家による「御仕置」の詳細を留めるのがその「覚帳」である。

安政の大獄で刑場に連座する者百人余り、極刑に処せられた志士八人の内には松陰や橋本佐内がいた。松陰の首を刎ねたのは七代目山田浅右衛門吉利だった。浅右衛門家の任務の一つが将軍家保有の刀の切れ味を試すこと、即ち「試し切り」だった。

特別に奉行より許可を得て、罪人の死体の内臓から作った薬の販売を生業とする山田家が大名なみの財をなしていたことが知られる。明治十四年の斬首

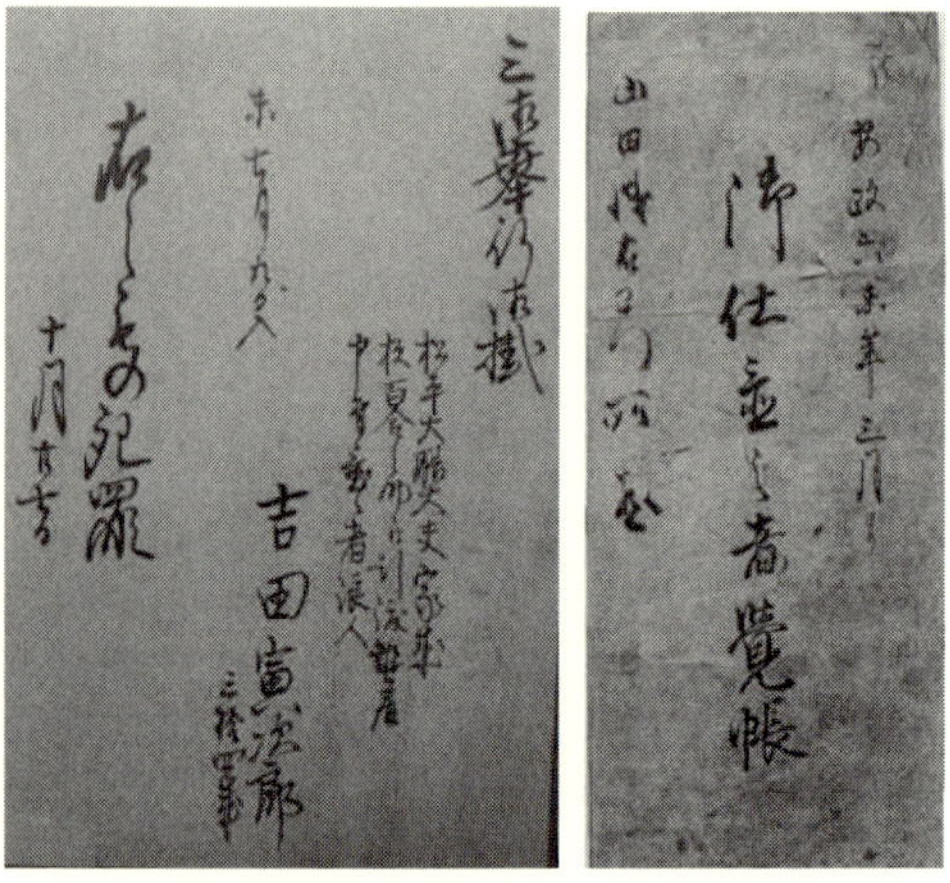


松陰処刑の記録（エール大学蔵）

刑廃止により「首切り浅右衛門」の異名をもって恐れられた斬首役は八代目浅（朝）右衛門の代をもって終焉。

ただ、昭和十五年発行の『吉田松陰全集』（岩波書店）第十二巻、関係雑纂の部、頭注に「山田浅右衛門なり」（一五三頁）とあるように、斬首役山田浅右衛門の名そのものは早くから知られていた。とはいえ、今回エール大学がその関連原史料「安政六年　御仕置之者覚帳」を所蔵しているとのニュースは、それなりに意義あるものに違いない。そのことを発表した研究者が Crime, Punishment and the Making of Modern Japan, 1790-1895 というタイトルの博士論文で一九九九年にプリンストン大学より学位を得られたボツマン教授であり、同教授にして初めてなし得た貢献だといえよう。

## 斬首役、山田浅右衛門一族

「試刀術」又は「試剣術」として知られる剣術は、いわゆる江戸時代初期から知られていた。ただ、初めの頃は、将軍家の命を得て、そのような特殊な剣術を修め得る者は、幕府の旗本に限られていた。時代を経るに従って「御様御用」「御試し御用」として「刀剣の切れ味」を試す専門のお役目が罪人の処刑の際の斬首の役目をも拝命するようになった。元々の旗本山野家の後を継いで「御試し御用」の役目についたのが初代山田浅右衛門貞武（一六五七〜一七一六）である。明治時代初期に至るまで代々幕府の役目を継いできた山田家の人たちの御試し御用の役目自体は腰物奉行の配下にあって幕府のお役目拝命という形ではあったが、事実上は旗本でも御家人でもなく浪人であった、と伝えられる。

代々山田家の者が果たして浪人であったのか、また何ゆえに浪人のままであったのか、については諸説あり、山田浅右衛門家について多々あるネット上の情報には次のようなものがみられる。……死の穢《けがれ》を伴う役目のためにこうした措置がとられたと解釈されがちである。しかし、五代山田浅右衛門吉睦は腰物奉行臼井藤右衛門に聞いた話として次のような記録を残している。

「将軍徳川吉宗の前で山田浅右衛門吉時が試し斬りをし、吉宗がその刀を手にとって確めるということがあったという。この時、吉時が幕臣になることを申し出ていれば、取り立てられたであろう。しかし、その機会を失ったために、浪人の立場のままになった。これが前例となり、浪人である山田浅右衛門家が御様御用を務める慣習になってしまった」

そのほか、旗本や御家人では得ることの出来ない「特殊な利潤」に与り得る事情のあったことなども、山田家があえて浪人の身分に甘んじていた所以だともいわれる。その特殊な利潤とはどのようなものだったのであろうか。

## 死体処理の特権

身分が浪人であった山田家代々の者には、いうまでもなく知行が与えられなかった。しかし、罪人の死体処理というそのお役目上の特権には、思いも寄らぬほどの利が伴っていた。公儀の御様御用に際しては、幕府から金銀を拝受したばかりではなく、大名家などの命によって処刑を行うに当たっても、その役目を代行し、かなりの金子を得ていた。何千人にも及ぶ罪人の処刑、斬首の役目を負ってきたという山田家代々の、いわば「専業」から生じる利潤の大きさが想像できる。

それだけではない。その専業の一つには「刀剣の鑑定」があり、諸侯、旗本、庶民の刀剣愛好家から莫大な収入を得ていた。そのような特殊な技能より生じる利潤にもまして、大きな収入源ともなっていたのが、「死体」の内臓を処理した上で製造された特効薬などだった。浅山丸などの名で販売されていたいわば「専売特許品」より上がる利潤には想像を絶するものがあったろう。

代々「斬首役」というお役目を引き継いできた山田家の人たちにも、いくばくかの罪悪感があったものと思われる事跡が伝えられている。まず、その「穢れたお役目」を山田家直系の男子に継がせるにはさすがに良心の咎めを感じたのでもあろうか、直系の実子、特に長男にその役目を継がせた例は、思いのほか少ない。

今一つ、お役目、専業とはいえ、己れの剣によって命を絶った幾多の罪人達の供養のために六代山田朝右衛門吉昌によって建立されたのが、東京池袋にある祥雲寺境内の髻塚といわれる。

エール大学での学会でボツマン教授も触れておられたが、かの悪名高い義賊、鼠小僧次郎吉を斬首したのが、また、他でもない何代目かの山田浅右衛門だという。

## 松陰の最期―異なる二つの見解

こうして松陰が小伝馬町牢屋敷内で刑場の露となって消えたのは安政六年（一八五九年）秋のことだった。

岩波版『吉田松陰全集』の改訂増補新版ともいうべき大和書房版『吉田松陰全集』第十巻の「月報」に「刑場の松陰」と題する興味深い一文が存する。『斬』の著者綱淵謙錠が執筆している。斬首の場における松陰最期の態度について「古来二つの見解がある」とする綱淵は、司馬遼太郎、船橋聖一両人の対照的な見解を次のように紹介する。まず、「首切り浅右衛門の三尺の野太刀《のだち》で松陰の刑が執行された」という『世に棲む日日』の著者司馬の言葉として次を挙げる。

「浅右衛門家は、代々その役である。その家に伝わっている一つの話として、江戸中期の頃の思想家山県大弐《だいに》の死を執行したとき、その最期はもっとも見事であったという話があるが、この浅右衛門は、『しかし、十月二十七日に斬った武士の最期が、それ以上に堂々としてみごとだった』とあとでひとに語った」。そして、そのような、「堂々としてみごとだった」というのが司馬の見解だとされ、それはまた、おそらく司馬が参照したであろう、故玖村敏雄の『吉田松陰』にみる見解を受け継ぐものでもあろう、とされる。

それに対し綱淵は「この世への未練を示した」とする『花の生涯』の作者船橋の見解を次のように記している。

「これまでの書に拠る吉田や橋本（左内）は、その死に臨むや神色自若であったと書いてあるのが普通である。然しこれは、吉田や橋本を英雄として崇拝するのあまりだ。伝えられる吉田、橋本は、ややもすると神様に近からんとしているが、実際はそれほどでもなかったようだ。人間死に臨んで、従容たれというほど、難題はないだろう」。そして、そのような船橋の見解の論拠、裏付けともなるのが「伊勢の人、世古格太郎」の次のような目撃談だという。「吉田も斯く死刑に処せらるべしとは思わざりしにや、彼、縛らるるとき、誠に気息荒々しく、切歯して、実に無念の顔色なりき」。

綱淵は、「以上二説のどちらが正しいかは、私には判断できない」とし、また「おそらくだれも決定しえないであろう」としながらも、「自分は、故玖村、司馬両氏同様、神色自若説を採用するものの、玖村とは違った意味での神色自若説が、自分の説だ」と断っている。その自説の論拠を綱淵は、次の浅右衛門七世吉利《よしとし》の三男吉亮《よしふさ》の回顧談に求める。ちなみに、ここでいう神色自若とは「泰然自若」のこと。

「乃父《ちち》吉利は随分名士を斬っております。安政六年……十月七日、……儒者頼三樹八郎を斬り、同月二十七日松平大膳家来吉田寅次郎（三〇）を斬っておりますが、彼の有名な『親を思ふ心にまさる親心けふの音信《おとづれ》何と聞くらむ』の辞世をよく乃父が詠って聞かせました、さすがに立派な往生であったさうですが『吾罪は君が世おもふ赤心《まごころ》の深からざりし兆《しるし》なりけり』の三樹八郎の方は、やや未練があったとの話でございます」。

頼三樹八郎とは、かの頼山陽の第三子三樹三郎のこと。そのような回顧談の言葉から、綱淵は「現実に自分の手で刑を執行した人間の言葉として信憑性が高い」とされる。刑場における松陰の心理に触れる見解として興味深い。

ただ、松陰最期の死に際《ぎわ》の態度を「二説」、すなわち、これか、あれかという二項対立で解することの是非はともかく、その「二説」はむしろ二つの仮説、いや憶説とすべきもののようにも思われる。

綱淵はまた、船橋の引用する世古格太郎の証言が「唱義聞見録」にみる叙述であり、「これもまた貴重な目撃談である」とされている。だとすると、図らずも「二者択一では割り切れないこと」を綱淵氏自身が証していることにもなりそう……。綱淵が更に続けて記す「高々と辞世の句を吟じたのち、白州がさわがしくなり、松陰の気息が荒々しかった」という玖村敏雄の記述も充分うなづけるし、綱淵の「ここでは松陰が判決の不当さに腹を立てたとみてもよいと思っている」というくだりも理解できる。そして、「その憤りは何も生への未練ではない」との綱淵の見解も、一面では「生きて正義と闘えぬ無念さ」と解することもできるのでは？ いずれにせよ、その時の松陰の心中には、未練などといったものとは、はるかに次元の異なる想いが駆け巡っていたにちがいない。それはまた「武士道とは、死ぬ事と見つけたり」といった『葉隠』の精神をもはるかに超越、昇華した精魂ともすべきものだったに違いない。綱淵の一文は、死に臨んでの松陰の心情、心理の深奥に迫る鍵の一つを我々に提供するものとして傾聴に値する。

## 松陰の容貌

ちなみに、「伊勢の人」世古格太郎とは、安政の大獄に連座して、松陰同様、評定所において厳しい尋問をうけた人物。船橋や綱淵の引用するその世古の手記「唱義聞見録」というのが岩波版『吉田松陰全集』第十二巻に収録されている。その手記の頭注に「(世古は)当時松陰を見聞したという。松陰とは、必ずしも近い関係にあったわけではなく、その叙述も、もとより一々正鵠を得た観察でもない。特に後年の記録であってみれば、記憶の誤りも多い」という趣意のコメントがみられる。一方、その手記を『維新史料』に収めた編者の野口勝一の言として「世古格太郎の手記は、当時の状態を知るに足るべきものではあるが、事実に誤りのあるのは、免れ難く」云々とあって、やはり、山田浅右衛門の野太刀のもとに首を差し出した松陰の複雑な心情は、一概には断じ難いことがわかる。

そのようなことはともかく、獄中で直接松陰と顔を合わせたと伝えられる世古の「唱義聞見録」には、松陰の容貌に関する次のような記述が見られる。「吉田寅次郎、名は寅、字名義卿、松陰と称す。長州の藩士杉百合之助次男なり。其の人短小にして脊かがみ、容貌醜く色黒く、高鼻にして痘痕あり。言語甚だ爽やかにして、形状温柔に見えたり。江戸に出でて佐久間修理門人たり」

## 2. 獅子吼する獄囚

### 「身はたとひ」

下田踏海の罪をもって松陰が同志金子重輔とともに江戸伝馬町の獄舎に繋がれるのは、安政元年（一八五四年）、松陰二五歳の時だった。その間、松陰は故郷萩の野山獄、金子が岩倉獄に幽囚の身をかこち、さらに再び江戸に連行され、幕吏の尋問を受けるために伝馬町に移され、遂に、かの有名な辞世の句

「身はたとひ武蔵の野辺に朽ちぬとも
　留め置かまし大和魂」
　　十月二十五日　二十一回猛士

を残したまま、刑場の露と消えて行った。その辞世の句は、松陰の遺言書ともすべき最期の書「留魂録」に記されている。二十六日にその長文の遺書を書き終えた松陰は、翌廿七日（陽暦十一月二十一日）、刑場に向かっている。時に松陰、三十歳。

その短い人生、特に最後の五年間は己れの身に迫る厳しい断罪を覚悟しながらも、そのほぼ全期を獄中、または自宅蟄居の境遇にあった松陰の身にとって、言葉は悪いが、己れの全精力を好きな漢籍の読解、そして紙と筆の世界に傾け得る、「至福の時間」だった、と私には思え

る。

　希代の執筆家、あたかも物に憑かれたような松陰の筆から絶え間なくほとばしり出る書信、著作は、その僅かな例を挙げるだけでも、「回顧録」「講孟余話」「武教全書講録」「宋元明鑑紀奉使抄」「外蕃通略」「西洋歩兵論」「九務四条」「留魂録」があり、また、それ以前、松陰十七歳の時の著述「外夷小記」はじめ「西遊日記」「辛亥筆記」「将及私言」等、枚挙に暇がない。それらの著作、書簡のほぼ全容が今日、十何巻かに及ぶ『吉田松陰全集』、そして幾百、幾千に及ぶ研究書、論著として存在する。僅かに三十年の人生、その間に獄中より発し、獄中にて執筆した書簡、著作の厖大な量には、凡人の想像を絶するものがある。

　以下、獄中の虎、いや寅次郎が世の権威に敢然と立ち向かい、世論の構築へと持論、自説をたたきつける様相を追ってみるとしよう。

　松陰寅次郎の著作の多くが、漢文、候文の形で残されており、古くから研究者の注目する、例えば徳富猪一郎の『吉田松陰』、吉田庫三編『松陰先生遺著』などにしても、今の世に生きる私どもにとっては、やはり平易な書物だとはいい難い。そして古くから岩波版全集、大和書房版全集、そして岩波思想史大系中の『吉田松陰』など、詳細な注釈書の多くが、戦前戦後を通じて松陰研究に貢献してきた山口県教育会の存在に負うことを忘れるべきではない。戦前、昭和十五年代に山口県教育会の支援のもとに開始された岩波版全集刊行に携わったに違いない広瀬豊の著書『吉田松陰の研究』（昭和十八年）などが後世の研究者を益することの多かったこともまた特記すべきである。

筆者は、そのような注釈書の数々、中でも中公クラシックスシリーズの『吉田松陰　講孟余話ほか』（以下「中公」）の口語訳より多大の恩恵を被った。この本は、筆者が注目する松陰最後の五年間の獄中記集成ともすべきもので、近代史、近代思想史の分野における三人の学究、松本三之介、田中彰、松永昌三による口語訳を私自身は、秘かに「獅子吼《ししく》版」と称して愛用している。この口語訳が松陰の格調ある原文を反映しているかどうかについては、いささか疑問がないではないが、候文《そうろうぶん》による松陰の原文はともかく、原漢文の理解に資する効用は決して小さくない。「獅子」とは、松陰の師、佐久間象山に「二虎」と呼ばれた二人の愛弟子、寅次郎、小林虎三郎に因むものであることはいうまでもない。

### 国際的視野

幕府が「異国船打ち払い令」による「夷人隔離策」「大型船建造禁止」という消極的な国防、海防策に終始してきている頃、松陰は、遠大な国際的視野、地勢学的視野のもとに国家の危機を案じ持論を展開していた。その論旨の幾つかを「幽囚録」に見てみよう。

「日本の東にはアメリカ大陸があり、東北にはカムチャッカ、オホーツクがある。日本にとって大きな患《うれ》いとなり大害となるのはワシントン（アメリカ合衆国）であり、ロシアである。だがロシアの首都は海外万里のかなた西北の北にあって、日本の侵略には形勢ははなはだ不便である。けれどもその東端はわが国と海ひとつ隔てているのみである。しかも近頃、彼らは蒸気船に乗ってやってきて、境界について論議し、また国交も求めている。

どうして遠いといって安心しておられようか。それがどうやら今日まで無事であったのは、東端の地が近いとはいっても荒涼寒冷な不毛の地で、兵力も少数で軍艦もわずかしかなかったためである。（略）カムチャッカやオホーツクには次第に軍艦や兵力が配備され、隠然たる一大軍事拠点になった、ということだ。もし、ここに兵力や軍備の配備が充分になったならば、その禍はたちどころにわが国に及ぶであろう」（『中公』一九六〜一九七頁）

そのような松陰の世界的展望、識見は、あたかも二十一世紀の今日の日本を取り巻く太平洋海域の情況を予言しているかのようだ。それだけではない。その慧眼《けいがん》は、単にアメリカ、ロシアに留まらず、遠く欧州にまで及んでいる。

「そもそもヨーロッパは、わが国からは非常に遠くにあって、古い時代には交渉はなかった。艦船ができて便利になると、ポルトガル、イスパニア、イギリス、フランスなどは、わが国に野心を抱いて併呑《へいどん》しようとし、わが国もこれを憂慮した。最近では蒸気船をもたない国はなく、ために遠いヨーロッパもあたかも隣りのようなものである。（略）やはりすぐれた人物を海外に派遣し、実際に諸外国の形勢や沿革、あるいは船舶の航路の状況などを視察させることがいちばんよい方法なのではないだろうか」（『中公』一九八〜一九九頁）

## 征夷府（幕府）批判

「幽囚録」完成四年後、安政四年（一八五七年）に松陰は「外蕃通略」と題する一書をまとめている。その頃、松陰は、野山獄を出て、かなり意気揚々、つかの間とはいえ自由の身を満喫していた。

「外蕃通略」はかなり短い著述ではありながら、松陰が「悠久の吾が大八州の御宇天皇《あめのしたしろしめすすめらぎ》」すなわち「天朝」の伝統を顧みず、「征夷府」の長、「征夷」（征夷大将軍徳川家）が得てして自ら「国王」の称号を以て外交文書に記しているが如きは「吾が国の体に非ざるなり」として、時の政権に痛烈な批判を浴びせる著作である。「隠居の身をもって、以下のような放言をなすのは、止むに止まれぬ思いからである」と「叙」に記している。

松陰の憤りは、近藤守重という徳川末期の北境探検者の手になる「外蕃通書」を読んで、その極に達する。その著者守重については、「樺太より千島列島に至り、択捉島の一角に大日本恵土呂府の標木を立つ。功をもって、勘定役より書物奉行、大阪弓奉行となる」と全集の頭注にみえる。その「外蕃通書」（夷国との外交文書）を仔細に検討した上で、松陰は、十六世紀末は慶長の世より、元和、寛永、延宝を経て十九世紀初頭の享和の年に至る実に二世紀に及ぶ「奉書」「賜書」「復書」、すなわち幕府の授受した公式外交文書にみる文言の是非に及ぶのだった。

例えば寛永元年八月、朝鮮国主が三使を遣わして将軍家光の将軍職襲職慶賀の書を征夷府に奉った折りの「大将軍源家光」の復書（返書）に記される文言に注目し、松陰はおだやかならぬ気持ちを次のように吐露する。

「謹んで案ずるに、賜書に云ふ。『余幸に日域を統領す』と。是外国をして、天朝あるを知らしめざるなり。宜しく改めて『詔《みことのり》ありて先職を襲《つ》ぐ』と称すべし。（略）後、家綱の賜書に云ふ『慶《さいわい》に我れ継述して国を治む』。綱吉の賜書に云ふ『慶に我れ前業を継ぐ』。家重の賜書に云ふ『前緒を誕保す』。家治の賜書に云ふ『前緒を承紹す』と。その失（不敬）並びに同じなり。」（岩波、大和書房『全集』）

## 新井白石批判

獄中よりの獅子吼は、征夷府の官位を有する新井白石にさえ向けられる。正徳元年、朝鮮国使節が六代将軍源家宣の襲職を賀す奉書に対する賜書（復書）につき、松陰は皮肉たっぷり、次のように喝破する。

「賜書に『日本国王源某』と称す。新井白石の筆なり。謹んで案ずるに、日本国王と称するは新井の愎《ふく》（注に片意地とあり）に出でしこと論なくして可なり。然れども前後の書式単に日本国奉書と称するも、日本国大君と称するも、並びに其の甚だしく当たれるを見ず。況や前後改称し、往復名を二にするをや。寧んぞ外蕃の咲《わらい》とならざらんや。吾れ故に其の明らかに征夷府の官位を掲げざるを惜しむなり」

という具合に「謹んで案ずるに」との文言に始まる松陰の征夷府発布外交文書批判は、単に隣国朝鮮、明国との往復文書に限らず、ジャガタラ、すなわちオランダ領バタビアをはじめ、安南国、シャム、今日のタイ国、カンボジア、ルソン国、そして遠くイスパニア、イギリスをも包含する「書式」に及んでいる。

以上のような征夷府批判の書をまとめあげて後、松陰は甘雨亭の号で知られる安中侯板倉勝明の「雨森芳洲伝」に接して、驚喜する。雨森芳洲とは徳川中期の儒者。その伝記には、雨森が新井君美（白石）に「国王の事例を論じる書を献上している」次第が記され、次のような文言がしたためられているのだった。「歴代の将家、敢へて自ら王たらず。しかれども、朝鮮称するに殿下を以てするの書をば欣然愉納し（喜んで受け入れ）、未だ嘗て之がために一辞あらず。是れ王を以て自ら居るなり」。続けて雨森は「大君の称、固《もと》より不穏に似たり。王を称するの挙亦宜しきを失ふと為す。後世、今日の羅山を罪するものを以て執事（注に新井白石を指すとあり）を罪する事あらば、則ち吾執事の将《まさ》に何を以て自らことよせん（かこつける）とするかを恐る」。著者安中侯は自著に引用するその文言を論じて曰く「此の書、立言命意（論点）的確にして易ふべからず（ゆるがせない）、凛然として（りりしいさま）秋霜烈日の如し」と。

　いささか難解な文章ながら、文脈から幕府の文書起草の重責を担い、文教政策に多大の功績のあった、かの林羅山がその用語に不敬の語があったとして罰せられたとすれば、征夷府の官位を有する、わが白石の立場は一体どうなるのだろう、と決めつけている様子が窺える。この文章に接して、松陰は強力な味方を得たとして驚喜するのだった。それ以上に我らが獄中の獅子を驚かせたのは、己れの論旨以前にすでに同様の批判文を物している人物の存在を知ったことだった。己れのいかにも過激な論旨に、我ながら林羅山並みに罰せられるのでは、との危惧を隠せないでいた松陰が、十倍の同志をえた思いを綴る文章に目を向けるとしよう。自著「外蕃通略」の末尾に「付言」の形で記す松陰の言葉である。

「余、先に通略を作り、意実にいまだ自ら安んぜず、猶《な》ほ遺議あるを恐れしに、此の伝を読むに及び、余の言はんと欲する所、前人已に具《つぶさ》に之を言へり。芳洲は今古の名儒なり。其の論当日に行われざりしといへども、今乃《すなは》ち賢候の取る所となる。則ち吾れの論もまた由って定まるべし。吾が意頓《とみ》に強きこと十倍し、筆を執りて此れを書す」

「先人に意を同じくする同志あり」として勇気づけられた松陰は、一躍発奮、自説を更に強調すべく「雨森芳洲先生の国王称号論跋」一篇をしたためている。全集の注記を援用しながら、松陰の論旨を追ってみよう。

「国王の称、固《もと》より大いに不可なり。大君の名、亦《また》穏やかならざるに似たれば、則《すなわ》ち其の一是一非は何ぞ深く論ずるに足らん。而《しか》も芳洲先生諄々侃々《じゅんじゅんかんかん》として、疏論《そろん》して（権勢を恐れず堂々と）已《や》まざるものは、何ぞや。先生皇を尊《たっと》び覇を抑ふるの志、其の由来する所蓋《けだ》し久し、固《もと》より一朝奮激の故に非ざるなり。而して豈《あに》特《た》だ国王の一字、朝鮮一国の為目に然らんや。是の時に当り、新井勘解由《かげゆ》（白石）幕寵（幕府の格別の好遇）を受けて私見を逞《たくま》しうし、方旦《まさ》に悪を逢《むか》へ過を長じて、其の禍未だ底止する所を知らず。故に先生、国王の一事に因りて朝鮮一国を論じ、上は既往の失を矯《た》め、下は将来の鑑《かかみ》を垂る、其の旨深し。余向《さき》に未だ此の書を読まずして、通略（外蕃通略）を作る。通略遍《あまね》く諸蕃を論ず。然れども特《た》だ此の書の義疎（字句の注釈）のみ。況《いわん》や先生の万死事《こと》を論ずる、余の隠居して放言するの比すべきに非ざるをや。然れども通略は此の書を得て、以て吾一人の言に非ざるを知るべし。故に吾れ妄《みだ》りに取りて後に付す（注に外蕃通略の原本に芳洲の書簡を附録としたこと、とあり)。嗚呼《ああ》、芳洲先生にして知るあらば、其れ或は余を以て身後《しんご》(死して後)の一門生と為さんか。皇制には、皇子皇孫のみ独り親王・諸王の名ありて、人臣には王号あることなし。然らば則ち仮令《たとい》武蔵王・関東王と称すとも、人臣の義に非ず、亦平(平将門)親王の続のみ。本書未だここに及ばず、吾れ故に言ふなり」

思うに、松陰は、かの蛮舎の獄に繋がれて無実の罪、いや明らかな冤罪《えんざい》を以て自らの命を絶たねばならなかった渡辺華山、高野長英両人の悲運を知っていたに違いない。にも関わらず、松陰が「不敬」とも解されかねない文言をあえて書にして書き留めている事例は、「外蕃通略」にみるようなものに限られない。

松陰自身は「己れの放言」としているものの、死を覚悟の上での征夷府、そして征夷府官への上申、提言だったとしか思えない。数ある白石研究書の中で、そのような重大な論議がいかに扱われているのであろうか、その分野の学究の見解に待ちたい。

## 同志金子重之助を想う

下田で松陰と共に黒船を目指し命がけの踏海を試みている金子は松陰より一歳年上。『吉田松陰全集』第十巻(大和書房)関係人物略伝の項に次のような趣旨の記述がみられる。

「長門阿武郡渋木村に出生。幼少の頃、父君茂左衛門、萩に出て染め物業を営む。重之助は他家を継ぎ足軽となる。嘉永六年(一八五三年)、二十三歳の時、江戸に出て毛利藩邸の家来となる。江戸では鳥山新三郎の塾に出入りし、肥後藩の志士らと接触。松陰と知り合うのは、その頃である。当時、金子は版籍を脱し、渋木松太郎を自称。安政元年（一八五四年）三月、松陰下田踏海の挙は実にこの金子と企てられたのだった。不幸にして事敗れ、獄に繋がれて後発病し、同九月、江戸より萩に送られ、翌安政二年正月十一日岩倉獄にて病死。享年二五」。

獄中にあって病を得る同志金子のために松陰は「くれぐれも看病に怠りなきよう」との慰めの言葉を記すことを忘れなかった。「金子重輔に与ふる書」に松陰は次のように記している。

「人の疾病あるは、なお国に寇賊《こうぞく》あるが如し。国善く寇《あだ》を退けば則ち民蘇《よみがへ》り、身善く病を除かば即ち体安し。民蘇らば即ち勢振ひ、体安からば即ち気旺《さかん》なり。勢振はば天下に強敵なく、気旺ならば天下に難事なし。貴殿もまた寇賊を患ふる者なれば、宜しく其の身の病を以て天下の務を知り、天下の務めを以て其の身の病を治むべし。時これ大寒なり、千万自愛せよ」

## 護送中の金子の病状

江戸で幕府の判決を受け、萩に護送されるまでの数週間に及ぶ旅の経過、松陰と金子の様子、特に金子の病状について記すのが「吉田寅次郎、金子重之助　護送日記」である。護送役の首席藩吏、武弘太兵衛の自筆文書の翻刻文が『吉田松陰全集』別巻（大和書房）に見られる。萩到着数日前の医師による診断書には次のように記され、重体に陥っている金子の様子が窺える。

「御連下の囚人繁（重）之助の様態を診察致したところ、瘖瘡の毒全身に広がり、かすかな脈拍で、甚だ重き容体と診断」。

## ペリーと琉球国―「異国通詞」板良敷朝忠

ペリー率いる黒船艦隊が上海を経て、先ず真っ先に立ち寄るのが琉球国である。時の独立王国、その地勢的、戦略的重要性をペリーはよく認識していた。琉球国ばかりではなく、洋上遥かかなたの小笠原諸島をもまず抑えておきたいとの百戦錬磨の軍人、戦略家ペリーの行動、軌跡は、その『日本遠征記』に尽くされている。

思えば、極東東シナ海域における黒船の出現以降、太平洋戦争終焉までの、実に一世紀近くに及ぶ日米関係の様相は、ある意味では日本遠征の前哨基地としての南島琉球諸島をめぐる歴史の繰り返しであったともいえよう。いや、奄美や小笠原諸島が日本に復帰し、かっての琉球国が沖縄県として本土復帰を果たして以後も、その歴史は、今なお連綿として続き、その幕引きがいつのことになるのかは、誰にもわからない。

その琉球王国で、黒船の偉容をものともせず、青い目の艦隊代表者らと堂々と渡り合っている人物がいた。眼光爛々として知性に溢れるその容貌を以て、居丈高《いたけだか》な夷人をしてさえ、「一体何者ぞ」といぶかしがらせていた男の名は板良敷朝忠《いたらしきちょうちゅう》。その名に「朝」のあることで、沖縄の人には琉球王府を代表する身分ある人物であることがわかる。

その表向きの肩書きは琉球王府を代表する「通詞」(通訳)、しかし、その実、黒船との交渉を任されていた全権外交官に近い立場にあった。その後、日本国の浦賀に向かい、沖縄の人たちが今なお「ヤマト」と呼ぶ、北の国にて、幕府代表としての外交交渉の任務を任せられる、かの「通詞」森山栄之助、中島三郎助、堀達之助らと年齢的にも先輩格である。ペリーの『日

（上）ペリー提督家代々の墓、手前右が提督夫妻の墓標　（右）ペリー提督像
（米国ロードアイランド州ニューポート）

本遠征記』にその凛々《りり》しい風貌が一頁大の肖像画として掲載されている板良敷。黒船随行録として知られる著作を残している米国側首席通訳官サムエル・ウェルズ・ウィリアムズらとも対等に、しかし常に節度在る態度で交渉の場に臨んでいる南島の外交官の名は、開国史上忘れる事ができない。

黒船一行の士官らの幾人かが、古《いにし》えの頃から「守礼の邦」、「守礼の民」として知られる琉球の民の前で、いささか無礼とも解される行動、言動に及ぶ青い目の士官らを前に、いきなり「琉球は小国、しかし、かのワシントンの名さえ知っている国民だぞ！」と喝破して驚かせた一場面、これも『遠征記』にみるところである。

そのころ、板良敷は、三十五歳。青年の頃、北京留学の経験を積んでいる彼は、中国語をはじめ漢籍にも通じ、黒船を代表する首席通訳官ウィリアムズとも自由に筆談の出来る立場にあった。たどたどしいながら、英語の会話にも素養のあった板良敷は、琉球国における英学の伝統を受け継ぐ人物でもあった。彼に英語の知識を授けたのが、これも王府を代表する安仁屋政輔《あにやせいほ》、のちの首席判事与世山政輔親方である。その安仁屋の先輩がまた、琉球国と英国との交流史にその名を色濃く留める、真栄平房昭《まえだいらぼうしょう》である。

## 琉球王国の対外関係史

その真栄平房昭の人物像に立ち入る前に、北の日本本土における開国史の始まりを象徴する黒船来航以前、南の小王国琉球では、すでに幾世紀にもわたる善隣国交の歴史を有し、「外に開かれた」歴史の立役者としてその存在を謳歌していた時代のあることを指摘しておかねばならない。そのことを何よりもよく象徴するのが、かつて首里王府の表玄関、首里城正殿に掲げられていた「万国津梁《しんりょう》の鐘」である。首里王朝第一尚《しょう》氏王統、第六代尚泰久王の命により青銅製、重量ほぼ六百キロに及ぶこの重厚な梵鐘の鋳造されたのは、西暦一四五八年、何と、かのコロンブスによるアメリカ大陸発見を遡《さかのぼ》ること実に三十四年。沖縄の人たちが今なおヤマトと呼ぶ北の日本国では、やがて戦乱の世を象徴する応仁の乱の地響きが関東平野を覆い尽くさんとしていた。善隣国交、平和主義を高々と謳い、その鐘銘に刻むのが以下の文言である。

「琉球国は南海の勝地にして、三韓（朝鮮）の秀を鍾《あつ》め、大明（中華帝国）を以て輔車《ほしゃ》（補い合う両輪）となし、日域（日本）を以て唇歯《しんし》（深い関係）となす。此の二の中間に在りて湧出《ようしゅつ》するの蓬莱《ほうらい》島なり。舟楫《しゅうしゅう》を以て万国の津梁（架け橋）となし、異産至宝（異国の物や宝物）は十方刹《ぼうさつ》（国中）に充満せり。地霊に人満ち、遠く和夏の仁風を扇《あお》ぐ。故に吾王大世《わがおおよの》主《ぬし》（尚泰久王神号）、庚寅（かのえとら）に慶生せる尚泰久、茲《ここ》に宝（王）位を高天に承《う》け、蒼生《そうせい》（人民）を厚地に育《はぐく》む……。

その鐘銘に刻まれる大明帝国は大祖、洪武帝より首里王朝以前の浦添王朝を率いる琉球国王察度《さっと》に詔勅《しょうちょく》が下されるのが一三七二年、その万国津梁の鐘の鋳造の年を遡ることさらに半世紀以上前のことだった。大明帝国の附庸《ふよう》としての立場を確立した国王察度は、すぐさま礼を尽くすべく使者を送り、これが後年、琉球王国に多大の富みをもたらすこととなる大明帝国との「進貢貿易」の始まりとなるのだった。

さらにその後間もなくにして明国より琉球国王の王印を授かった察度王のもとへは、王国の繁栄をより強固なものにしたまえとの大国明大帝の最大の好意の現れである大勢の「中国国民指導員」が大陸より派遣されてくるのだった。後年、いわゆる「久米人三十六姓」として知られるようになる一群の知識人、実務家、技師の面々がそれだった。ほぼ同時に琉球国よりは、明帝国の最高学術機関「国子監」へ留学生の幾人かが送られるようになる。はじめ琉球国王の子弟を中心とする留学生の面々が、その後「科挙」という関門を目出たく通過した、いわゆる「ユカッチュ（文字通り、「良き人」）、上層階級」の子弟へも高等教育を受ける資格が与えられ国子監の門をくぐることとなるのだった。

「久米三十六姓」、すなわち琉球国民の啓蒙、学術文化の発展に寄与すべしとの中国皇帝の命をえて、生粋の中国知識人の一群が那覇の一角に定住しはじめ、いわゆる久米村という特異な文化を背景とする人たちの集落が発生する。これが今日旧那覇市内に歴然とした形で残存する

「久米界隈」の発生、その起源である。特に中国古典、典籍に習熟し、中国文化の精髄に徹したそこの住民が「クニンダンチュ、久米の人、久米人」と呼ばれ、旧琉球王府の外交政策、善隣国交になくてはならぬ存在となり、琉球王府の存立に大きく寄与する人物が輩出するようになる。十八世紀初頭、第二尚王統十三代の尚敬王の片腕、国政をつかさどる「三司官」の一人として琉球国の文物文化の発展に寄与したことで知られる「蔡温」がその代表的存在として挙げられよう。

琉球王府の海外諸国との交易をはじめとする国交の維持に欠かすことのできない外交文書の作成という特殊な任務に携わってきたのが久米村の人たちだった。その人たちの間で代々極秘裏に継承されてきた外交文書とその文案の集成集ともすべきものが『歴代宝案』である。首里王朝第一尚王統の尚巴志《しょうはし》時代、一四二四年（永楽二二年）より、琉球王国滅亡時、王国最期の国王尚泰の治世、一八六七年（同治六年）までの実に四世紀余にわたる文化遺産ともすべき重要文化財である。

そこに収められる外交文書は薩摩藩による琉球侵攻、一六〇九年、以前の王国の一大貿易時代の様相を留める中国関係文書をはじめ、朝鮮、シャム、安南、ジャワ、マラッカ、バレンバン、マラッカ、スマトラ、スンダ、パタニなどの南方諸国との間に交わされた往復文書で、王国の外交史上最重要史料となっている。

その外交文書集成の運命もまた廃藩置県以後の琉球王国の命運を分かち合っていた。すなわち、原文書全二百巻のうち、その大部分が久米の天妃宮《てんぴぐう》はじめ旧家に代々伝えられていたのが同じく久米在明倫堂に秘匿され、結局那覇の知名士の尽力で沖縄県立図書館に移管されたものの、太平洋戦争で散逸したと伝えられる。ただ、今日、各種筆写本、写真版が例えば台湾大学本、東大史料編纂所本の形で、全一八七巻までが何とか原型を留める形で残存すると言われる。

今一つ、過去幾世紀にもわたる琉球王国主導になる善隣国交の様相が、『歴代宝案』とは全く異なる角度からようやく全貌が解明されつつあるのが『冊封使録』として知られる一連の歴史文献である。これまた王国の精神文化史上、『歴代宝案』と並び称されるべき一大遺産である。その白眉ともすべきものが『中山伝信録』（一七二一、康熙六〇年刊）で、著者は徐葆光《じょほこう》。尚敬王の冊封副使として琉球国に来島し、八ヶ月にも及ぶ間の詳細な見聞録の著者として知られる人物である。

本来、中国皇帝の命を奉じ、遠く海を隔てる友邦国に派遣される大勢の代表団のリーダーとして、滞在中の出来事の一部始終を記録することが求められた皇帝への復命書の性格を帯びるもので、その史料的価値には計り知れないものがある。冊封使、副使のいずれも中華の国を代表する傑出した知識人が厳選、選出されたと伝えられ、そのことは著者、徐葆光が書、詩文の才に秀で、歴代冊封使中、最も多くの漢詩を残していることでも知られる。なお、同使録は、京都や江戸で板行され、琉球に関する日本人の知識にはその典籍に負う所が大きいといわれる。書道の面では、また徐葆光真筆の「中山第一」の四文字が古くから伝えられる。

地元琉球国の知性を代表する久米村出身の程順則、名護親方または名護聖人として知られる英傑、俊秀と徐葆光との交流も琉球国の名声を中華の大国に知らしめるに大きく貢献した。北京や福建での長期滞在中、程順則は『六諭衍義《りくゆえんぎ》』と称する中国皇帝の勅諭、教えをまとめた漢籍一書を入手、その道徳教育に資するところ大なりと判断、自ら再版し、自国琉球に持ち帰っている。その『六諭衍義』（以下、『六諭』）のその後の運命は、琉球国がヤマト日本国へ絶大な影響を及ぼした道徳上の画期的な出来事として知られる。そのことを以下に記そう。

程順則版ともすべき『六諭』が鹿児島の島津家に献上され、一七一九年（享保四年）には、島津家より徳川将軍吉宗のもとへと送られる。民衆の道徳教育に資するに大いに役立つ一書だと判断した吉宗は、すぐさま『六諭』を仮名書きにし、庶民教化の書にすることを企画し始める。吉宗の命によって儒者荻生徂徠が訓点を付し、さらに室鳩巣《むろきゅうそう》の手になる和文解を含む官製『六諭』が世に知られるようになる。これがすなわち『官刻六諭衍義』と『官刻六諭衍義大意』である。その後、江戸末期、明治期に至るまで多種多様の版本が現われ、日本全国の寺子屋での道徳教育に資する代表的書物として流布していった。『沖縄大百科事典』によると、版本二十七系統、実に六十一種のそれが知られるという。

北の日本国による圧政の歴史、一見暗黒な歴史とする史観にもそれなりの理由のないことではなかろう。ただ、王国琉球史の底辺を流れる本流には、以上のような北のヤマトは日本国の人たちの徳性、物事の道理を正しく判断する感性、審美観にさえ影響を与えることとした前向きの歴史というか、とてつもなく明るい史実の存することを琉球の民は知っている。論議の飛躍を覚悟であえて記せば、その琉球史の本流には、かの日本国の生んだ幕末の志士、英傑吉田松陰にも匹敵する人物の存在すらあったことをも。

今一つ、琉球文化の特性を如実に示すのが人民一般の間に普遍的に見られる「徳性」「徳義感」であることは、一面では、中華の大国より琉球国の民が得た教訓、すなわち国家の大計に「礼」の精神がいかに大切なもの、必須なものであるかとの教訓を琉球国の民が忘れずにいたからだとすることもできよう。例えば首里王府の表門ともすべき「守礼門」に古くから掲げられる扁額に「守礼の邦」と刻印される文言が、琉球国の民の意識を反映するものだとすることもできるであろう。しかし、一方琉球王国の民が生来いかに高徳な精神の持ち主であるか、その徳義性がいかに先天的なものなのかとの幾多の証言の存することをこの場に記しておきたいが、その詳細については筆者の『英人バジル・ホールと大琉球国—来琉二百周年を記念して』(不二出版、二〇一六年)を参照されたい。

英国艦隊アルセスト号、ライラ号が朝鮮西岸の黄海探検後、琉球国の海域に姿を現わすのは一八一六年の秋。その時の琉球国の民と英国士官らとの心温まる交流の詳細を記す『大琉球国航海探検記』(一八一八年)、『アルセスト号朝鮮琉球航海記』(一八一七年)については、右に挙げた筆者の著書をはじめ、旧琉球王国の対外関係史を扱う幾つかの論著の中で触れてきた。

琉球王府を代表して、英国士官らと交流しつつ英語の修得に励んでいるのが、英艦ライラ号艦長バジル・ホールの航海記にその名を留める、我が真栄平房昭、英文原著に「メーデーラ」と記される人物である。彼は極東日本文化圏における英学の祖として記憶されねばならぬ人物でもある。これもまた、巷《ちまた》に広く知られる、かの日本国への密入国者、ラナルド・マクドナルド、時として日本における英学の祖といわれることのある人物ではありながら、事実上、日本における英学史上、そのマクドナルドに先行する人物、それが真栄平である。

薩摩藩の監視下にあって、形だけの独立国の形態を強いられていたとはいえ、黒船以降、しばしば琉球国を訪れる異国船との交渉を卒なく処理する人物、先にも触れたその板良敷の存在に早くから注目していたのが、薩摩藩主、島津斉彬だった。

中央江戸における攘夷の雄叫びがいよいよ喧噪《けんそう》を増す頃、薩摩藩では、他藩に先んじて陸海軍の軍備近代化を急いでいた。島津斉彬や忠義の集成館事業が何よりの証拠である。最先端の科学技術に支えられる軍事力、それが遺憾なく発揮されたのが、かの戊辰戦争だった。新政府軍の中核となった薩摩の陸海軍部隊は、旧式装備の旧政府軍を圧倒し、その勢いは留まるところを知らなかった。

## 琉球国にみる「今一人の松陰」

薩摩では、ますます必要を迫られる藩士に対する英語教授の重責を担って貰おうと、秘かに板良敷の鹿児島への渡航を指令する斉彬の真意を時の琉球王府の中枢では計りかねながら恐怖の色を隠せないでいた。折から反体制派の一味として疑獄の難に巻き込まれ、幽囚の身に耐えねばならなかった板良敷（その頃は、牧志朝忠と名を改めていた）、その存在は、我らが松陰の生きざまに相通じるものがある。その死さえが……。

琉球王府の厳しい監視下にあって己れの悲運をかこつ罪人、牧志に薩州藩主直々のお声掛り、とはいったい何事！と、新たに勢いを増しつつあった旧勢力の面々は混迷の色を深めていた。王府内の「お家騒動」に過ぎない疑獄の内実が白日の下に晒《さら》されるのでは、との危惧を抑えきれずにいたのだった。

そして、牧志を連れて参れ、との藩主久光の特命を帯びた薩州派遣の船が那覇にやって来た。その目的が藩主直々の「お引き立て」とはついぞ知らぬ王府の面々を尻目に、牧志朝忠を乗せたまま、船は静かに那覇の港を後にする。二、三時間も経たぬうちに船は本島沖の伊平屋海峡近くに至る。すると、突如牧志は、眼前の海に身を投じ、深海の藻くずとなって消えて行った。「自殺」との伝承が専らではあり、公的にもそのように解されてきているかにみえるこの椿事、希代の外交官の末路は今日、依然謎に包まれたままである。

**琉英友好記念碑完成**

時は二〇一六年十二月十六日、那覇市内の泊港沿岸の緑の小公園には正装に身を包んだ沖縄県民を代表する県庁関係者、那覇市長に副市長はじめ百七十人もの来賓各位が式典用の大天幕を囲みながらやがて始まらんとする式典の開始を今か今かと待ち構えていた。傍《かたわ》らには、特にその日の除幕式に招かれた幾人かの幼稚園児らのはしゃぎ回る姿があった。

天幕の前には、その除幕式にそなえて建立されたばかりの真新しい記念碑が白地の生地に覆われたまま、これまた除幕の合図を待っているかのような風情がただよっていた。午前十一時に式典開始、幾人かの来賓祝辞のあと、沖縄県の副知事はじめ記念碑建立期成会会長、実行委員長、日英協会会長、それにその日の除幕を手伝う小さな幼稚園児二人の市民代表が前に進み出た。六人が二手に分かれて碑石の両側に立ち、除幕のロープに手をかけた。司会者の合図とともに白地の覆いが左右に引かれ、真新しい記念碑が姿を現わした。高さほぼ二メートル以上の見事な碑石には「バジル・ホール来琉二百周年記念」と刻まれている。

不肖、筆者の私が記念碑建立期成会長として有志の協力をえて準備委員会を立ち上げたのが、二〇一二年。除幕式の行われた二〇一六年は、かの英人キャプテン・バジル・ホール一行の来航二百年目に当たる意義ある年で、何とかその二百年目の節目の年までに記念碑を完成させたいとの四年越しの念願のかなったことに私は感涙を禁じ得なかった。

碑石の台座にはキャプテン・ホールの肖像が刻印され、和英両語による以下の説明文が付されている。

バジル・ホール（Basil Hall 1788-1844）は、母国イギリスの使節団を中国へ送り届ける任務の傍ら、英軍艦ライラ号の艦長として、旗艦アルセスト号とともに、一八一六年九月に来琉。四〇余日間停泊し、琉球の人たちとの交流をもった、その様子を一八一八年『朝鮮・琉球航海記』として出版。礼節を重んじる国として讃え、欧米に広く琉球を知らしめた。

また、セントヘレナ島に幽閉中のナポレオン一世との会見の中で、琉球を「武器のない国」と紹介した話は余りにも有名である。わたしたちは、彼らの深い友情と、わたしたちに誇りを与えてくれたことに感謝をこめて、ここに記念碑を建立する。

バジル・ホール記念碑建立期成会

Captain Basil Hall (1788-1844), of the Royal Navy, with the sloop Lyra under his command along with the flagship Alceste and their crews called at Naha and Tomari in the fall of 1816. They were on an official mission to convey British delegates to China.

While on the island of Okinawa, known then as the Great Ryukyu, their crews enjoyed a cordial exchange of friendship with the islanders for more than 40 days.

Capt. Hall, in his Account of a Voyage of Discovery to the West Coast of Corea and the Great Loo-Choo island, published in London in 1818, introduced the islanders to a Western readership as being “highly intelligent and righteous.” On their return voyage, Capt. Hall met with Napoleon, then confined to the island of St. Helena. When Hall told Napoleon that the Ryukyu Islands were a “Kingdom without arms,” Napoleon was astounded and openly incredulous. That episode is widely known among the islanders.

We Okinawan people cherish the memories of friendship with early Western visitors to our island and feel proud of our national heritage. Inspired by these memories and wishes that they be handed down to posterity, we erect this monument.

*Bicentennial Celebrating Capt. Hall's Momentous Voyage November, 2016*

式典後のレセプション、さらに翌十二月十七日に行われた記念講演会およびパネルの席上、わたしは列席の方々に次のような趣旨のことばを伝えた。

「この英文による説明文を読んでほしいのは島に駐在する青い目の軍服姿の欧米人ではなく、欧米よりこの島を訪れるごく普通の紳士淑女、若者らに読んでいただきたいとの趣意が込められている。そしてこの説明文に目を通した青い目の紳士淑女、わけても若い人たちが『へえ、この島にキャプテン・ホール一行がやってきて、航海記などを残している!? どれどれ、その記録を原文で読んでみたいものだ』といった気になる来訪者が一人、二人、いやそれ以上になるようにとの願いが込められている」

といったようなことを話したように思う。除幕式に手を貸してくれた地元の幼稚園児にはまた、彼らが成人する頃には、その説明文の文意にきっと思いを馳せてくれるであろう、とのかすかな思いがあった。

泊港の北岸には外人墓地があり、その入り口には、あたりを圧するかのようにペリー提督上陸記念碑がその威容を見せている。思えば、二十世紀を迎える今日といえども、この島に生きるわが同胞が今なおペリー以後の有事戦略の渦中におかれ、呻吟《しんぎん》する世の趨勢を思うたびに戦慄を禁じ得ない。泊港の緑地帯に姿を現わした記念碑は、我ら島人《しまんちゅ》が善隣国交に徹した事実を世界に発信する「誇り」の宣言であり、その象徴でもある。

## 通詞外交官—開国への橋渡し役

「泰平の眠りをさます上棋撰、たった四杯で夜も寝られず」で騒然となる江戸、これまで見たこと、聞いたこともない黒船という怪物、しかも一匹の怪獣ではなく、「来年また出直してくるから、心しておけ」として一旦は江戸湾から消えていったものの、二度目の来航には何と数隻もの怪獣黒船のお出ましとなった。そのような力の差をまざまざと見せつけられた幕府中枢に「異国船打ち払い」の掟《おきて》に依然執着する者があり、攘夷の声がその後何年も続く時代背景のあった一方、一面ではまた、幕府が次第に前向きの、柔軟な姿勢を見せ始めた。そのような転換期の日本外交の様相をしばらく「折衷主義外交」とでも呼んでおこう。幕府中枢のメンタリティーの転換の裏に、いわゆる「通詞外交官」の存在があり、そのような折衷主義の遂行者が、俗に「通詞」として扱われがちな外交官の面々だった。開国史上、しばしば、端役の立場に追いやられがちな、彼ら通詞、いや外交官の役割は決して軽いものではない。

## 異国通詞の群像

ペリー率いる黒船来航の実に八年も前、弘化二年（一八四五年）、浦賀に一隻の巨大な捕鯨船が姿を現わした。米国船籍、三本マストの帆船マンハッタン号だった。船中には何と二十二人もの日本人船乗りや漁師がいた。その中には十歳の少年もいた。いずれも難船で漂流中、マンハッタン号に救助された漂流民の面々だった。

江戸では、吉田松陰に「死罪」を言い渡した、かの老中阿部正弘が政権を手中にして間もない頃だった。阿部が浦賀奉行、土岐頼旨や大久保忠豊らに取り調べを命じ、その命を受けて早速マンハッタン号に乗り込んできて尋問を始めたのが、与力中島清司と森山栄之助の二人だった。中島清司とは、数年後の嘉永六年、浦賀沖に黒船四隻がその威容を現わした時、真っ先に旗艦サスケハナ号に乗り込んできた中島三郎助の父君である。中島は森山栄之助より一つ年下で、当時異国通詞見習い、とでもいった立場にあった。

その森山が、かの北方蝦夷の地からの密入国者マクドナルドと初めて対面するのは嘉永二年（一八四九年）のことだった。蘭英辞書を片手にしての尋問だったが、尋問相手が米語の話し手であることに気づくや、森山は俄然、初めて接するその言語に興味を示し始める。長崎村の獄に繋がれるマクドナルドと森山とは、やがて役人対囚人という関係を離れて、英語学習の生徒と師という関係に発展する。森山が師マクドナルドに学んだ米語の知識が大いにその威力を発揮するのが、その五年後、ペリーの艦隊二度目の浦賀来航時だった。

米艦隊による第一回浦賀来航時における日米両国間の意思疎通の様子を、ペリー直属の通訳官ウィリアムズは、その『日本遠征随行記』に詳しく記録している。手元の洞富雄の訳述書を参照しながら、その経過を追って見よう。詳細な訳注だけではなく、巻末に多くの関連史料を収録する本訳書は、この分野を究める者の必携の書である。

異国船出現とみるや、いきなり何十、何百艘もの小型防備船が繰り出して黒船を取り囲む、いわゆる「垣船《かきぶね》」態勢の中での日米交渉の始まりだった。その「垣船」、「虎落《もがり》」については、後段に記す「幕府の海防策」の項を参照されたい。

## 堀達之助

はじめに米艦と接触を果たした人物が浦賀奉行支配組与力、かの中島三郎助と今一人の「役人」和蘭小通詞、堀達之助である。堀は、年齢的には森山栄之助や中島三郎助の後輩である。堀が「自分はオランダが話せる」というので、米艦側のオランダ語通訳官ポートマンの出番となった。ポートマンは、かのペリーが上海で書記兼オランダ語通訳として雇い入れていた人物。ペリーの公式遠征記には、堀が「余は和蘭語ができる」と「はなはだ立派な英語でいったものの、それだけいうのが精一杯だったようで、その後はオランダ語での話し合いに移った」と記している。

浦賀に錨を降ろした旗艦サスケハナ号に漕ぎ寄せた船の中から I can speak Dutch と呼びかけた堀達之助について、堀家では子孫代々誇りをもって伝えられてきている。村田豊治著『堀達之助とその子孫』につぎのような記述がみられる。

「堀達之助はそれほど知名の人ではない、また歴史上の主役などでは決してない。しかし、たまたま幕末の変革期に、オランダ語通詞の家系に生まれて家業を継ぎ、ペリー米国艦隊と出会ったために、鎖国から開国へという大変化の真っただ中に身をおくこととなった。しかもそれは、変革の単なる傍観者としてではなかった。彼は、時代の大舞台の上で、なくてはならぬ脇役または黒子として生き抜かねばならなかった。それは彼にとってまことに過酷なことであったが、小詞としての職制上の身分は低かったから、その権限はまことに小さいものであった。しかもそれでいて、職務上の責任は極めて重いものがあった。上役たちは通詞を単なる外国語の専門職人として顎で使いながら、一旦何らかの外交上のトラブルが生じると、それを通訳作業の誤りのせいにして自己の責任を免れようとすることがよくあった」

変革時の堀の役割を著者村田が控えめに記しているにも関わらず、その職分が過分の重責を担うものだった彼らの立場がよくわかる。私が彼らの役割を改めて見直し、決してある種の書物に見られるような「黒子」などといった存在ではなく、れっきとした「通詞外交官」であった、とする所以《ゆえん》である。

ちなみに、堀は、ペリー来航七年前、ジェイムス・ビッドル司令官率いる米国艦隊の来航時、その通商開始の要求という一大外交の危機に際しても通詞として対応している。その際、ビッドル司令官が幕府側役人より受けた屈辱的な経験が、後のペリー提督に厳とした態度で臨むとの決意をさせた経緯についても後段に触れるであろう。しばしば「砲艦外交」または「恫喝外交」と呼ばれることのある「熊おやじ」ペリーの態度の遠因をそのあたりに見ることができよう。

後年、堀達之助は明治維新政府の下で北海道開拓使大主権に任ぜられ、また一等訳官の重責を担うに至っている。かつての「通詞」が決して舞台裏の「黒子」などでなく、その実、新興日本国の縁の下の力持ちともすべき有為な「外交官」だったことがわかる。

## 中島三郎助

和蘭小通詞、堀を伴って浦賀停泊中の黒船との第一回交渉の場に臨んだのが浦賀奉行支配組与力中島三郎助永胤だった。黒船を取り巻いて一触即発の自体に備える「垣船」群の見守る中をサスケハナ号の舷側から、堀は、傍らの中島三郎助を指して、この人物が交渉の任を任された「最上位者、最高位の人物」である、との言明を信じた艦上のキャプテン・ビュカナンとコンテイー大尉は二人を招じ入れ、艦長室に案内している。艦隊の首席通訳官ウィリアムズを含む四人での会見が今まさに始まろうとしていた。ここで、名だたる米国艦隊の上官連が、一大失態を冒している事実を記しておかねばならない。

まず、米艦側の記録に「立派な身なりの人物」だと記される、その中島三郎助がその場での交渉の全権を任された人物であると安易に信じたキャプテン・ビュカナンは「米国大統領の親書をしかるべき人物に託してすぐにも江戸へ送るべし」との艦隊の抱える一大メッセージを中島と堀の両人に託しているのである。当然のことながらそのような重要な文書を受け取る立場にないことを十二分に承知している両人は「明日、受け取りに参上する」との言葉を残してその場を去っている。嘉永六年（一八五三年）七月八日、四時過ぎのことだった。伊豆岬の遥か彼方には夕日を浴びた富士の勇姿があった。米国側が、中島以上の人物の存在に気づくのは、一夜明けた翌七月九日のことである。今度は、いや今度こそは、浦賀の最高責任者、香山栄左衛門の参来だった。昨日の掘達之助に今度は今一人の通訳、立石得十郎、そのほか数人をともなった「全権使節団」だった。

かの公式『ペリー提督日本遠征記』の英文原典には香山の肩書きを the governor and greatest functionary of Uraga としている。前日の米側の失態を失態とせず、"thus plainly contradicting the declaration of the vice-governor of the day before" とし、単に相手側、すなわち日本側代表の虚偽の肩書き、だったとしてしまっている英文原典に見る微妙な行間の粉飾、いや妙味溢れる諧謔には微苦笑を禁じ得ない。それよりも、その「虚偽の全権」の前に安易に顔を見せなかった総司令官ペリーのしたたかさに脱帽させられる。その時点、いやそれ以後も日米交渉の主役、主導者は、あくまでも艦隊の者に「熊おやじ」として知られていたマシュー・ペリーだった。

## 「浦賀騎士長」

香山栄左衛門衛門らとの会見三日後の七月十二日の朝、珍しく香山栄左衛門が「大型船」で旗艦サスケハナ号にやってきた。堀達之助、立石得十郎二人の通詞を伴っていた。この日、艦上のウィリアムズ通訳官は、香山より、米国大統領よりの親書が受理されるであろうとの重要な伝言を受理した。ただ、その受理の日時、日程がいつになるかは未定とのことだった。それでも、このことは、ペリー提督にとり、日米交渉の大きな前進に違いなかった。そして親書の原文は提督と対等の地位を有する高官か皇帝（将軍）にのみ直接手交されること、さらにその親書の授受にかかわる日本側代表の信任状を必要とする、との外交上のプロトコールを提督はウィリアムズを通じて伝える事を忘れなかった。

この日、ウィリアムズは、香山の正式な名が香山連栄左衛門永孝《ながのり》、その肩書きが「浦賀騎士長」であること、そして立石よりは、中島三郎助が「浦賀騎隊」であることを確認している。ウィリアムズは、その肩書きを英文逐語訳で理解し、「彼らの任務には港の防衛が含まれているように思われる」としながらも詳細については「よく分からない」と日誌に記している。

エール大学古文書部蔵「ウィリアムズ家文書」に、その時の筆談の際、首席通訳官ウィリアムズの手元に残されたと目される「浦賀騎士長　香山連栄左衛門永孝」「浦賀騎隊」と記される文書が存する。

幕府崩壊を十年後に控えるころ、海軍養成機関の中枢が長崎から江戸に移され、築地の講武所内に軍艦教授所が開設される。木村紀八郎著『浦賀与力　中島三郎助伝』によれば、間もなく軍艦操縦所と改称されるその操縦所に中島は教授方出役を仰せつかったという。八名の教授方の一人が中浜万次郎（江川代官手代）、かのジョン万次郎だった。

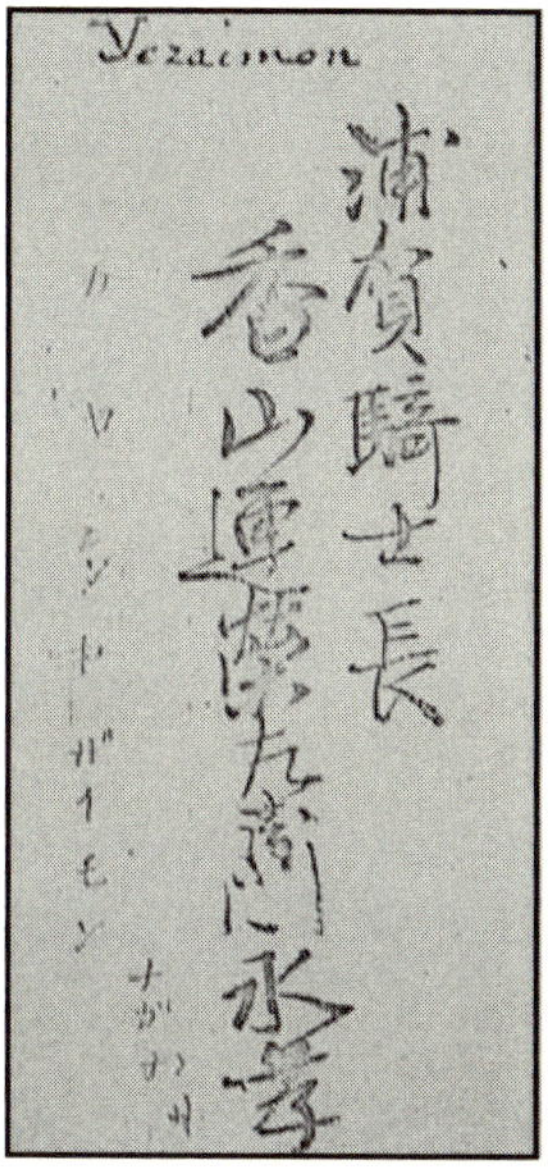


黒船上にて度々米国士官と交渉した浦賀騎士長（香山永孝）名が記された資料（エール大学蔵）

通詞外交官の群像に、公

式『日本遠征記』に頻出する森山栄之助を欠かすわけにはいかない。その森山については別項にて扱うとしよう。

# 3．松陰、黒船上のウィリアムズと対面

## 眠っていた松蔭の密書

「今や、神奈川条約、下田条約、そして米琉和親条約締結に大任を果たし、琉球の人たち、そして日本本土の者が世界の仲間入りをする端緒が開かれました。現在われわれのいるこの那覇の港、そして下田、函館の二港が、いわば極東への門戸ともなるでありましょう。われわれが、こうしてアジアの一角に足跡を印し、このような形で世界を制覇しつつある現実に、われわれながら奇異の感に打たれることしきりです（一八五四年七月十三日）」

これはペリー提督率いる日本遠征米国艦隊直属の首席通訳官サムエル・ウェルズ・ウィリアムズ（一八一二〜一八八四）が、日本開国という世人の耳目を聳動《しょうどう》せしめた史実を自ら体験、その一翼を担う己れの運命をかみしめながら、琉球国は那覇港停泊中の旗艦ポーハタン号上にて綴る、一友人宛の自筆書簡にみる一節である。

## ウィリアムズ家文書

ほぼ四十年にわたる中国滞在をなし、十九世紀最大のシナ学者としての名声を世に馳せたウィリアムズは、その晩年を米国エール大学における初の中国語教授として過ごしているが、そ

のエール大学スターリング中央図書館古文書部にはウィリアムズ博士以下三代にわたる「ウィリアムズ家文書」が蔵される。これらの文書の中には、上に引用した自筆書簡のようなウィリアムズが琉球那覇、江戸、函館滞在中に家族、友人に宛てた書簡類、ウィリアムズ宛のペリー提督自筆書簡、そして琉球王府や江戸幕府とペリー提督の間に交わされた貴重な外交文書の原文及び写本が数多く存する。本稿においては、特に琉球に触れるウィリアムズ自筆書簡、そして日米修交史上の一背景を伝えるペリー提督の自筆書簡につき、その概要を記すこととし、最後にこれらの古文書と共に眠る幕末の志士吉田松陰の手になる和文密書の存在につき報告し、記録に留めたい。

サラ夫人宛ウィリアムズ自筆書簡（一八五三年六月八日、那覇にて）

那覇の町、特に市場で多くの住民と私的、公的な交流を保つよう努め、人々との意思疎通にある程度の成功を収めるが、琉球王府側は極力それを避けんとの方針にある様子を伝える。二度にわたり首里の琉球王府を訪問、米艦隊員すべてが、かの地を自由に散策、美しい風物を満喫していると記し、特に古色蒼然たる首里のたたずまいを称賛している。那覇市場で四六時中、商売に従事することを余儀なくされる琉球婦人の姿から社会制度を批判。

ピーター・パーカー師宛ウィリアムズ自筆書簡（一八五三年六月二七日、琉球にて）

琉球到着以来、日本国江戸湾への渡航準備が滞りなく進められていること、那覇港沖停泊中の米艦数隻の必要とする食料物資の購入にかなりの困難を伴うことを伝える。

友人ギデオン・ナイ氏宛ウィリアムズ自筆書簡（一八五三年六月三〇日、那覇にて）

平民を抑圧し、その労働によっておのれの安易な生活を維持する琉球の上層階級を批判し、そのいわば「寡頭政治」にも等しい琉球のあり方に疑問を投じる。一般の市民を広く自由に外国との交易に従事せしめることが、ひいては上級階級のみならず、社会一般の福利に寄与するところとなるとの簡単な真理をこの国の支配層に理解せしめるには余程の時日を要するに違いないとの文意を記す。

一友人宛ウィリアムズ自筆書簡（一八五四年一月三十日、琉球那覇にて）

那覇に五度目の寄港。数ヶ月前の米艦隊による初の那覇訪問以来、異邦人に対する住民の態度に著しい変化が認められ、極めて友好的になっている。日本本土よりの政治代行者の存在を恐れる住民につき触れる。時勢の変化にともない神の福音がこの東海の島々に及ぶ日も近かろうとの希望を書信に託す。

ピーター・パーカー師宛ウィリアムズ自筆書簡（一八五四年二月四日、那覇にて）

日本開国に成功するか否か、おそらく今後一、二週間の間に決定的なものになろう。いつ氷山に衝突するかも知らぬまま北海の濃霧を突き進む船舶にも似た心境にあるとの感慨を吐露。

琉球の地に病める者、そして乞食などを見かける事がほとんどないこと。これは、長年中国に住んで彼の地の有様を知っている自分にとり、極めて顕著なものとして印象深い。

一友人宛ウィリアムズ自筆書簡（一八五四年二月六日、琉球にて）

王府首里への訪問、会見に供された首里王城内の古い木造建築物などに触れ、琉球料理のきわめて美味なること等を記す。

一友人及び夫人宛ウィリアムズ自筆書簡（一八五四年七月十三日、琉球那覇在ポーハタン号上にて）

那覇、下田、函館の各港が外国船に開放されるようになった感慨を記す。当初はなはだ困難だった日本口語の習得にも漸く進歩をみ、下田の町では「通じるの人」との異名をかち得るまでに至った。

夫人宛ウィリアムズ自筆書簡（一八五四年七月十六日、琉球にて）

ベッテルハイム師の後任として琉球にやってきたモアトン師に触れ、孤島で宣教の任に当たることの並々ならぬこと、琉球における師の処遇に意を用いるよう琉球王府に上申したことを記す。

なお、ウィリアムズの令息フレデリック・ウィリアムズの著になる『S・ウェルズ・ウィリアムズ博士の生涯と書簡』（英文原著、一八八九年）には、極東遠征中の博士の書簡数通が収録され、琉球よりの発信になるものとしては、一八五四年一月三十一日付サラ夫人宛のもの一通が紹介されているが（第六章）、ウィリアムズ家文書には、それらの書簡の原文が存し、筆者はその複写を有する（筆者初見一九六八年秋）。これら既刊の書簡類については、その一部が邦訳として存するので参照に便利である（洞富雄訳『ペリー日本遠征随行記』一九七〇年、巻末附録一）。本稿にて紹介するウィリアムズの自筆書簡が、これらの文献記録に未収録のものであることを特に記しておきたい。なお、上掲『S・ウェルズ・ウィリアムズ博士の生涯と書簡』は、後年宮澤眞一訳『清末・幕末におけるS・ウェルズ・ウィリアムズ生涯と書簡』として発表された。

## ペリー提督自筆書簡

今、ウィリアムズによる「日本遠征随行日誌」（フレデリック・ウィリアムズ編『日本アジア協会紀要』第三十七巻別巻、一九一〇年、前掲洞氏邦訳参照）をひもといてみるに、著者はその冒頭にて、日本遠征隊直属の通訳官としての任務を要請する一八五三年四月九日付書簡をペリー提督より受領したいきさつを記している。ここでは、そのウィリアムズ宛ペリー提督自筆書簡および他の一通を掲げておきたい。

ウィリアムズ宛ペリー提督自筆書簡（一八五三年四月九日付、香港在ミシシッピー号上にて）

広東在ウィリアムズに首席通訳官としての任務を要請し、そのための面会を希望していること、そして四月下旬には上海を経て日本へ向かう計画でいるとの趣意を記す。

ウィリアムズ宛ペリー提督自筆書簡（一八五三年四月二五日付、マカオにて）

ウィリアムズの到着を待って、日本および日本近海の諸島へ向かわんとするサラトガ号の動静を伝える。艦隊保有の日本関係図書のリストを付し、それ以外の書籍類があれば持参するようにとの指示をなす。

ペリーの記すその図書リストには、ケンペル、ツーンベルグ、ゴローニン、マクファーレンその他の著者名、そして『日本及び日本人』、『日本人の風俗習慣』等の書名がみえ、日本開国の大任を果たすべく琉球那覇、そして浦賀へ向かわんとする提督が、いかなる文献によって東洋に関する知識を培っていたか、その一背景を知りえる貴重な文書一件といえよう。

## 「エール密書」

以下に取り上げるのは、幕末の志士吉田松陰とウィリアムズとの黒船ポーハタン号上における対面という幕末開国秘史のいわばクライマックスともすべき一幕である。

国禁を犯し、同志市木公太こと金子重輔と、これまた瓜中万二なる偽名を用いる吉田松陰とが米国への密航という、結局は悲惨な結末に終わる遠大な計画を胸に秘めつつ柿崎村は弁天社近くの浜より黒船を目指し、小舟を漕ぎ出すのは、一八五四年四月二十四日（旧三月二十七日）の夜更けである。ミシシッピー号を経て、やっとポーハタン号へとたどり着いてからの経過については、松陰自身の筆になる「三月二十七日夜の記」に詳述され、例えば通事（通訳）ウィリアムズについては次のように記している。

「ウィリヤムス日本語を使ふ、誠に早口にて一語も誤らず、而して吾れ等の云う所は解せざる如きこと多し。蓋しかれが狡猾ならん。是を以て云わんと欲すること多く言い得ず」

ウィリアムズ自身はまた。その「江戸の学究二人」との対面の模様を翌四月二十五日の日誌に留めている。

ところで、松陰が米国側に手渡した「密書」には、松陰自身の称する「投夷書」並びに「別啓」と米艦ミシシッピー号上における異人との筆談に供された一件、さらに本事件の数日後、その罪をもって牢獄に幽閉される身の松陰が獄中にて木片に記し、一米士官に託した通信文一件とが知られている。ちなみに、これら松陰の一連の行動は、スコットランドの文豪ロバート・スティーブンソンをして「日本の国運にかかわる吉田の人と行動、そしてその影響の程度については、遠からず明らかになるであろうし、その名はいまだ欧人には知られずとも、おそらくは、かのガリバルディ、そしてジョン・ブラウン等にも比すべきもの」（『コーンヒル誌』一八八〇年）として称賛したものである。文豪スティーブンソンの吉田寅次郎論については後段にて取りあげるとしよう。以上の松陰関係史料、資料はウィリアムズによる『日本遠征日誌』そして『ペリー提督日本遠征記』、スポールディングによる『日本遠征録』、松陰「回顧録」その他にもみられる。

しかし、実はこれら三件の文書の他にウィリアムズ家文書には今一つ、瓜中万二を名乗る松陰のおそらくは自筆になると目される新たな密書一件が蔵されることを確認し得たので以下に報告したい。

褐色を呈する半紙一枚に麗筆をもって記され、文意を仔細に究めれば、「投夷書」「別啓」とほぼ趣旨を等しくするも、なお文辞にかなりの相違が認められ、甲寅三月廿二日という日付は、上に挙げた諸文献中にみる「投夷書」「別啓」のいずれとも異なるものとなっている。文章には、おそらく異邦人に託するものゆえ、全文に傍訓が施されている。今、その傍訓の部分を翻刻して示すことにしよう。

ワレラ　リヤウニン　セカイ　ケンブツイタシタク　ソウロフアイダ
ソノオンフ子へ　ナイミツニ　ノリコマセ　クレラレヨ　モツトモ
イコクヘワタルコトハ　ニツポンノ　タイキンニツキ　コノコトヲ
ニツポンノ　ヤクニンタチへ　オンハナシ　ナサレソウロウテハ
ハナハダ　トウワク　ツカマツリソウロウ
ミギノ　オモムキ　オンタイシヤウガタ　ゴセウイン　クダサレ
ソウラハバ　ミヨウバン　ヨフケテ　カキザキムラノ　ハマベヘ
テンマブ子イツソウ　オンヨセソウラフテ　オンムカイ　クダサレ

ソウロフヤウ　タノミタテマツリソウロフ
キノエトラサンガツニジウニンチ
甲寅三月廿二日

イチギコウダ
市木公太
クワノウチマンジ
瓜中万二

漢文で記される「投夷書」並びに「別啓」以外に松陰が和文で記される密書一通をも異人に託していた事実、これは少なくともペリーおよびスポールディングによる『日本遠征録』、ウイリアムズ日誌、松陰「回顧録」そして「三月二十七日夜の記」についてみる限り、知ることができない。

しかし、これが例えば「同十八日、下田に至り、岡方村岡村屋宗吉方に止宿、日夜異船之様子見分、同二十五日、岡村屋方退去、柿崎村に至る途中、武山下に於て、三人之異人に往会、兼て両人申合、外国渡海頼之旨趣認置候漢文二通和文一通、於路傍三人之異人之窃に相渡し、同二十七日日暮方、柿崎村に至り……」（「三月二十九日下田出役浦賀奉行支配組頭等上申書　吉田寅次郎矩方等取調の件」『大日本古文書　幕末外国関係文書之五』六五一頁、外交紀事本末底本所引甲寅亜船始末）、あるいは「翌二十五日、同所出立、処々徘徊いたし、柿崎村浜辺に罷越候処異人三人上陸いたし居候に付、兼て両人申合、外国へ渡海之儀相願度認置候書面三通異人に相渡し立別き、同夜、同村台と申処に野宿いたし……」(浦賀奉行支配組与力等上申書吉田寅次郎矩方等取調の件、同書、六四三頁、外交紀事本末底本所引甲寅亜船始末、大槻磐渓雑記、如是我聞)と記される松陰、金子両人の取調書にみる和文一通であることは疑う余地がなく、浦賀奉行支配組与力等よりの上申書に付された文書七通の一つであることも、上申書に引き続き掲載される同文書の写しによって確認し得る(同書、六四八頁)。ただ、そこにみる写しとエール密書(以下、仮にこう称することとする)とを比較するに、前者に傍訓を欠き、脱字の存すること、さらに用字に関しても差異の存すること等がわかる。今『大日本古文書』所載の写しをもとに、その異同を示せば、以下の如くである。

吾(我)等全(欠)世界致見物度候間、其 御船へ内々(密)《に》
乗込せ呉られよ、尤異国へ渡る事は、日本之大禁に付、
此事を日本之役人共(達)へ御話被成候ては、甚当惑仕候
右之趣、《御》大将方御承引被下候はば、明晩夜深て、柿崎村之浜辺へ
伝馬船弐艘御寄候て、御迎被下候様奉願候

カッコ内はエール密書、( )=異字、《 》=追加字、欠=欠字

エール大学蔵ウィリアムズ家文書は、「投夷書」写しをも有するが、その日付が日本嘉永七年甲寅三月八日であって『大日本古文書』をも含む上記諸文献にみるいずれとも異なるものとなっていること、そして上記「取調書」にみる「二五日、同所出立、処々徘徊いたし、柿崎村浜辺に罷越候処、異人三人上陸致し居候に付、……書面三通異人に相渡し云々」との松陰、金子両人の陳述が、例えば松陰「回顧録」にみる「二十七日遇ひて書翰を渡す」という記述との齟齬、その事実をいかに解釈すべきであろうか。

周知の如く、三月二十七日にスポールディングが松陰より「投夷書」と「別啓」を受領していることは事実である。この日、スポールディングの受領した文書にエール密書をも添えてあったとの考えが、一応退けられねばならぬことは「原文文書を受領し、今それが私の前にある」と記すスポールディング自身の記録に投夷書及び別啓のみの記録しか見られず、その別啓の日付が四月二十五日（旧三月二八日）で、エール密書のそれと異なることなどにより正当化し得る。

上記取調書にみる松陰らの陳述が仮に真実を伝えるものとすれば、松陰らは三月二十七日（「三月二十七日夜の記」に記されるごとく）以前にも密航の企てをなしていたか、少なくともその意志を米国側に伝えていたとすべきなのであろうか。スポールディングの四月二十五日が二十四日（旧二十七日）でなければならぬことは、例えばエール蔵のウィリアムズ家文書中の「投夷書」写しの日付が三月八日であって、スポールディングのそれが、三月二十四日などといったことから、おそらくはスポールディング自身が日付の換算を安易に扱い、誤って記したものとせねばならないとの解釈をも余儀なくされる（松陰「回顧録」にみる投夷書・別啓日付三月十一日が、おそらくは本来日付を欠くものであって、日本側に残った草稿より別人が写しを作った際に本文と同一の日付を書き込んだものであろうとの推論をなす「誤記説」については、前掲洞訳書二八七頁参照）。しかし、例えば同じ「投夷書」に関してすら、われわれの知り得る記録中に、次のような異なった日付の報告をみるのであって、誤記と考えるには余りにも変様に満ちている事実をいかに説明すべきか。

| | 旧暦 | | 新暦 |
|---|---|---|---|
| 松陰「回顧録」 | 三月十一日 | → | （四月八日） |
| スポールディング | （三月十四日） | ← | 四月十一日 |
| ペリー遠征録 | （三月十四日） | ← | 四月十一日 |
| ウィリアムズ日誌 | （三月十三日） | ← | 四月十日 |
| エール投夷書写し | 三月八日 | → | （四月五日） |

→は原文日付およびその新旧相当日（カッコ内）を示す

### この密書をどう解くか

おそらくは、同一文書による記録と考えられるスポールディングおよびペリー遠征録、そしてウィリアムズ日誌中の記録間にみる一日のずれを無視するとしても、現にわれわれの有するエール「投夷書」写しが三月八日で、それを基に記したと考え得るウィリアムズ日誌との間に五日もの差異の存することをいかに解釈すべきであろうか。

ここにおいて、われわれは次の仮説を抱くことを強いられる。すなわち、松陰「回顧録」の例えば二十二日の項に「昨夜より付啓中横浜海岸云々を改めて、柿崎海岸云々に作り、本書・付啓各一通を浄写し、渋生（金子重輔）と各々一通を懐にし……」と記される文書のうち、本来の投夷書一枚は、おそらく三月八日に草されたもの（「投夷書の附啓を草す。附啓中に云はく……」とする三月八日に、その前日、師象山の添削を得ている投夷書本文の清書をもなしたであろうと考えることは、むしろ当然のことのように思われる）そのままの形であったろうし、この日「浄写」された新たな「投夷書」が、おそらくは異なった日付を有するものであった蓋然性を有すること。そして、おそらくは、漢文による別啓と和文で同趣旨を記す文書とを別々のセットにして懐中に秘めていたのではあるまいか。

ただ、この場合、浄写のされた三月二十二日とペリーおよびスポールディング遠征録、あるいはウィリアムズ日誌に報告をみる投夷書の日付三月十四日（または十三日）とが、あまりにもかけ離れたものであることが当然疑問とされよう。しかし、今すぐにも米船への渡航を試みんとの松陰、金子にして、しかも「別啓」に「本書内に開列懇請する所は生等之れを思ふこと数日、多方に策を……」と記す二人であってみれば、その日数の隔たりは、その存在がむしろ当然とされねばならぬことのように思われる。

このことは、ウィリアムズ家文書中にみる「投夷書」写しの日付とスポールディングが手にした原文文書――これは、ペリー提督配下の有する日本遠征関係日誌、私的メモ、記録の類いはすべて強制的に提督の手中に帰すべしとの米海軍省当局の規定により、あるいは米政府管轄に帰したか、そうでなければ米国のいずくにか眠ると考えられる―とが、まさしく相違することが将来明らかにされることによって解決されよう。その時、仮にこれら二つの文書の日付がまったく同一だと判明すれば、上に述べた各種文献記録にみる「投夷書」の日付の変様は、依然謎のままだということになろう。しかし、それが右に挙げた仮説、いな憶説を否定することにならぬこともまた事実である。

エール大学蔵ウィリアムズ家文書中に「投夷書」写しが存しながら「別啓」の少なくとも筆者の今日まで探索し得たかぎりでは見当たらないのは奇妙である。その代わりに松陰「回顧録」に記される「別啓」とほぼ文意を等しくしながらも、今ここに別なる松陰密書一件の存すること、しかもそれが、従来知られるいずれとも日付を異にする「投夷書」写しと共存する事実は、三月二十七日**以前に**松陰が米船渡航の企てをなしていた蓋然性があるとの考え、そして上に挙げた憶説に何らかの示唆をなすものなのであろうか。

三月二十七日の朝、周囲の目を気にし、落ち着かぬ様子を隠せぬも、なお節度ある態度をくずさぬまま近づく松陰より突然「投夷書」と「別啓」を託される「一夷」スポールディングが、一瞬、戸惑いながらも、「その若者がすばやく、私の懐中にすべり込ませた封書を一旦その場で抜き取ろうとしたものの、もしかしたら、これが艦隊の青年士官らが口にしていたことと関わりのあることとかも知れぬと思いなおし、その若者のなすがままに任せることにした」と記すその「青年士官らが口にしていたこと」が必ずしも松陰らのこの日以前の行動を示唆するとは限らぬまでも、その蓋然性を否定し去るべきでもなかろう。

三月二十二日より二十六日に至る間に松陰らが夷人を求めて下田そして柿崎村を彷徨していることは明らかであるが、何らかの文書を手交している形跡が松陰「回顧録」、そして米国側の記録に認められぬことは事実である。しかし、今こうして新たな文書が首席通訳官ウィリアムズの手に渡っている事実、取調書にみる松陰らの陳述、そして横浜において神奈川条約を果たした艦隊が江戸湾を下航し、下田そして柿崎の近くに投錨するのが三月二十一日である諸事実は、その直後数日の松陰そして金子の行動をたどる上に忘れることができない。

「下田に一川あり、川中小船多数あり、因って是を盗みて出でんと欲す。但だ櫓なし、更に探索して二挺を得、乃ち舟に乗り、流にそひ海に出づ。川口に番船数隻あり、吾等心頗る動く。因って渋生に謂ひて曰く『番船覚して吾を捕ふるは天なり、天若し霊あらば決して覚せず』と。已にして難なく此を過ぎ、海に出づ、海波　湧。櫓施し得ず。且つ下田岸より鮑夏旦船（ポーハタン号）に至る迄頗る遠し。事成し得難きを謀り、舟を捨てて岸に登り、後挙を謀る。時に天未だ明けず、柿崎弁天祠に入りて一臥す……」（「回顧録」）と記される三月二十五日の行動が、仮に米国側に何らの連絡もなしになされたものであったとすれば、この上なく思慮を欠いた暴挙であったとすることができよう。

だからといって、われわれは、この日、上述の密書を松陰らが米国側のある者に託していたとの結論を急いではならぬことはもちろんである。しかし、例えば徳富猪一郎著『吉田松陰』（明治四十一年）、あるいは吉田庫三編『松陰先生遺著』（明治四十一年）に収録される松陰自筆の諸文書に照らし、まさに紛う方なき二十一回猛士の筆跡を留める密書の存在、そして松陰取調諸二件の存在は、少なくともそのような憶測に対する障壁の一つが除かれたものとすることはできよう。

仮にそのことが事実であったとすれば、それは決して思慮を欠いた暴挙などではなく、むしろ長崎にプチャーチン率いる露艦を追っては意を果たせず、その後下田にあっては、三月二十七日夜の渡海にて苦渋と失敗を重ねるという、あたかも憑《つ》かれた者のような松陰の一連の行動と奇しくも軌を一にする、今一つの隠されたエピソードであったとすることができよう。

## その後の密書探索研究史概観

「眠っていた松陰の密書」の発表二年後、亜細亜大学の夜久正雄教授による「〈研究ノート〉エール大学図書館・ウィリアムズ家文書の吉田松陰渡海密書二通について」（『亜細亜大学教養学部紀要』第十五巻、一九七七年）と題する論考が発表された。文中、夜久教授は、エール密書及び関係文書の存在を知ったいきさつにつき次のように記しておられる。

「佐藤司（亜細亜大学）教授が一昨昭和五十年エール大学を訪問して『瓜中万二を名のる吉田松陰の自筆になる新たな密書（エール密書）を確認し研究に打ちこんでおられた』山口栄鉄講師（エール大学東アジア研究所）に会われ、そのことを『亜細亜大学アジア研究所所報』第五号（昭和五十一年十月三十一日）に書かれた。それを読んで私はすぐ、それは、前述の「板切れ」に書かれた、下田の獄中での松陰の文章ではないかと思った。そして、是非それを見たいと思

った」（五七頁）

『中央公論　歴史と人物』の拙稿発表後、僅か一、二年にして私が「エール密書」と呼ぶことにしている貴重な歴史史料類が研究者の目を引くこととなったのは欣快この上もない。山口、夜久論考はいずれもかなり古いものとなってしまったが、インターネットなどで容易く見ることのできるようになった今日、読者、研究者には、両論考を比較参照することによって得るところが多々あるに違いない。

二〇〇〇年代に入ってから、関西大学文学部の陶徳民教授が、「エール密書」を「再発見」され、この分野の研究は今日に及んでいることを記しておきたい。

## 下田における松陰の様子を伝える公式『日本遠征記』

開国史研究に欠かすことのできない本書については今日広く知られるところであるが、その英文原本全三巻をひも解くことのできるのは、やはりこの分野の専門家に限られ、また、ひところまでその原本そのものに直接接することも容易ではなかった。しかし、そのような現状の打開に貢献することとなったのが英文原書の完全復刻版の実現である。沖縄の南西マイクロ社（現ＮＡＮＳＥＩ）が技術の粋を集めてその事業に取り組み、二〇〇三年にそのプロジェクトが完了した（照屋善彦解説、山口栄鉄・宮城保監修）。いささかなりともこの分野に貢献できたことを嬉しく思う。和訳版については筆者の管見の及ぶところだけでも神田清輝、鈴木周作、土屋喬雄・玉城肇、大羽綾子、外間政章らによる完訳、抄訳が知られる。

松陰、金子重輔両人による下田踏海のいきさつについては、今我々の手元にある、NANSEI完全復刻版『ペリー日本遠征記』、四一九～四二三頁、にかなり詳細な記述が見られる。これも手元の大羽綾子抄訳版『ペルリ提督遠征記』（一九四七年）より、その部分の和訳を紹介するとしよう。やや長い引用になるが、土屋・玉城訳『ペルリ提督日本遠征記』（一九五五、二〇〇三年）などをも参照しながら、大羽訳の足らざると目される箇所のみ適宜改め、そのことを注の形で示したことを付しておきたい。なお、太字による小見出しは、引用者によるもの。この重要な欧文史料については、古くから、徳富猪一郎が、その名著『吉田松陰』のなかで、「提督彼理日本遠征記抜抄」、「スパルジング氏日本遠征紀抄録」の形で紹介している。ここでいう「スパルジング」とは、本稿後段にみる「スポールディング」のことである。

戦後まもなく出版された『ペルリ提督遠征記』

**松陰、金子の両人、米士官に接触し、「投夷書」を託す**

「艦隊の各将校は、これより毎日上陸したが、一時は彼らの行動を邪魔したり、動作を監視したりすることが幾分少なくなったようだった。そのうち、ある一行が近郊より田舎に出ていくと、二名の日本人がつけてくるのを見つけた。しかし、彼らは監視中の密偵だと想像したので初めは、ほとんど注意を払わなかった。しかし、こそこそと、あたかも話しかける機会をうかがっている様に近づいてくる様子なので米軍の士官達は彼らのやってくるのを待った。挨拶したのをみると、件の日本人は、相当の地位の人らしく見受けられ、高貴の徴たる二本刀を佩き、絹の綾織製のだぶだぶした短いずぼんをつけていた。彼らの状態は上流階級共通の洗練された慇懃なものだったが、明らかに落ち着きがなく、何事か怪しいことを目論んでいる者の如く当惑そうな様子をしていた。彼らは、きょろきょろと目をくばってあたかも同国人の誰かが近くで自分たちの行動を見ていはせぬかと確かめる風であったが、やがて士官の一人に近寄り、彼の時計の鎖を賛美するふりをして、上着の胸に折りたたんだ紙片をすべりこませた。そして意味ありげに口に手を当て秘密を懇願すると、急いで歩み去った」

**下田踏海**

「翌晩、およそ午前二時頃（四月二十五日）、ミシシッピー号の夜半直の士官が舷側の小舟からの声で目を覚まして舷門に行ってみると、二人の日本人がすでに舷側の梯子を登ってきており、声をかけると、手真似で乗艦を許してもらいたいとの意を表した。彼らは、船にいたくてたまらぬ様にみえ、二度と陸に帰らぬという固い決意を示して、自分らの舟はどうなってもよいから乗り捨てたいとの意を表した。ミシシッピー号の艦長は彼らを旗艦に案内した（注：に行くようにと指示した）。そこで彼らは、又自分らの小舟に戻って直に漕ぎ出していった。湾内の大きなうねりのためにようやく旗艦にたどりつき、梯子にとりついて舷門に達するか達しないうちに、故意か偶然かその小舟は流れ出した。彼らが甲板につくと士官が彼らのきたことを提督に報じた。彼は通訳を出して彼らと懇談させ、時ならぬ訪問の目的を尋ねさした。彼らはつつまず自分等の目的は合衆国へ連れていってもらいたいこと、そこで自分らは世界遊学の願いを果たすことができるというのだ。ここで、彼らは我が士官達に陸上で出会い、そのなかの一人に手紙を手渡した二人だということが分かった。舟の旅で非常に疲れている様子であった。彼らの衣服は旅行服である（注：海上を往くうちによれよれになっている）ことが分かったが、相当の地位の紳士であることを示していた。彼らは両刀をたばさむ資格を持っていたが、一人が一刀を残したきりで、後の三本は舟に置いてきたので一緒に流れていってしまった。教育のある者で、すらすらと優美に漢字を書き、その態度も礼儀正しく、非常に洗練されていた。提督は、彼らの訪問の目的を知ると、残念ながらあなた方を受け入れることができぬとの意を伝え、自分としては誰か日本人を一緒にアメリカに連れて帰りたいのですが……といった。しかし、あなた方が貴国政府の許可を得るまではお断りせねばなりませぬ。我々は、そのために少し下田滞在を延ばしてもよいから（注：艦隊は、今しばらく下田港滞留の予定なので）許しを得る機会は十分あるでしょう、と述べた。彼らは提督の言葉をきくと多いに動揺した様子で、陸へ帰れば首を刎ねられるだろうといって、どうしても置いていただきたいと熱心に哀願した。しかし、その願いはきっぱりと、しかし優しく拒絶された。長いこと押し問答が続けられ、彼は何とかして寛容の処置をと願い、アメリカ人の人情に訴えようとし続けた。遂にボートが降ろされ、彼らは、なお送り返されるのに幾らか抵抗したが、その運命を痛ましく嘆きながら舷門を降りていった。そして彼らの小舟が漂流していると思われるあたりに降ろされた」

## 通詞森山栄之助、踏海者の調査に現れる

「翌日の午後、第一通詞の森山栄之助がポーハタン号にきて、参謀大尉に面会を求めた。彼は、かねて大島行きの延期要請の為に江戸の下田に（注：江戸から下田に）来ていたが、条件づきで提督もそれを認めた。彼がいうには、『昨夜、発狂せる日本人二人が米国軍艦中の一隻に漕ぎ出した』とのことで、もしやそれが旗艦ではなかったろうか、またそうとすれば、その男達は罪になるかどうか（注：何か不都合なことでも仕出かしたのかどうか）承りたいと述べた。参謀大尉は、陸からは見張りのためや事務上の用事であまりに沢山の人が来艦されるから、船にきた人について一々はっきり覚えていない。しかし、何も罪を犯した者はなかったし、またそういうことに自分は気づかなかったということだけは断言できる、と答えた。それから、通詞に対して件の日本人は無事に陸についたかときくと、『無事』という確答を得ることができた。

提督は、通詞がきて、二人の不思議な訪問客に関して日本当局で心配しているらしいということを聞いて、将校一人を陸に派遣し、騒ぎを鎮め、かつ、気の毒な男たちのためにできる限り仲裁を務めさせようとした。極度な国法を励行して彼らを追跡していることは確実だ。米国側がもしや我が人民のために迷惑しているのではとの当局の心配に感謝し、同時に取り調べるに当たらぬほどのほんの日常茶飯事としか考えられぬ小事件で、一時たりとも頭を悩まされる

必要は有りませぬと受けあった。なお、将来とも心配される必要はありませぬ、貴国当局の同意なくして貴国人を一人でも乗船させることはありませぬ、提督以下将校一同は、条約の精神にもとるような行動、そして信条に背くようなことは決してありませぬ、と告げた。提督が勝手に感情に走ってもよいと考えたなら、かの気の毒な日本人を喜んで彼の艦内に匿ったであろう。彼らは、米艦の日本滞在に刺激されて起こった好奇心を自由に満足させようとして故国から逃げ出そうとした者達である。しかし、漠然たる人情より、もっと高い要求を持った他の考慮すべきことがあった。一人民の逃亡に共謀することは、帝国の国法に背くこととなる。また、唯一の本当の政策というものは、すでに渋々ながら多大の譲歩をしてきた国の法規にはできる限り従うことだ。(注：この部分の土屋・玉城訳本では次のようになっている。「またいやいやながらもすでに多くの重大な譲歩をした国の諸規定に対して、あらゆる顧慮をはらって従うことこそが唯一の真実な政策であった」)。日本帝国は、人民の外国行きを死刑を以て禁じているから、艦隊に逃げ出してきた二人の男は、アメリカ人にとってはいかに罪なきものと思われようとも、彼らの祖国の法律では罪人なのだ。その上、二人の日本人自身の説明を疑う理由はないけれども、彼らの告白とは違った、もっと低い動機で動かされているということも、あり得る筈だ。アメリカの貞操を試す計略(注：節操を試す策略)かも分からないし、中にはそうだと信ずる者もあったくらいだ」

## ペリー、松陰、金子両人の英断を想う

「提督は日本当局に向かって自分はこの犯罪をどんなにつまらぬものと考えているかを一所懸命知らせて、彼ら二人に与えられる刑を軽くしようとした。この事件は、二人の教育ある日本人の強い知識欲の証拠として非常に興味がある。彼らは知識を広くする為に厳しい国法を冒し、死の危険を辞さなかった。日本人は、たしかに物を知りたがる市民であり、自分たちの道徳的、知的能力を広める機会を大いに歓迎する。この不運な二人の行動は同国人の特徴を示すものだと思われるが、この国民の強い好奇心をこれほどよく表しているものはない。ただ、絶え間なき監視によって守られている非常に厳格な国法のためにその実践が阻止されているだけだ。日本人のこうした傾向のなかに、この興味ある国の将来に、どんなに希望に満ちた前途が開けていることであろう」

## 獄中より新たな密書を米士官に

「それから数日後、将校の一行が郊外を散策していると、町の獄屋に行き当たった。そこに例の二人の不運な日本人が籠のように前面に柵があり、広さも非常に窮屈な、普通の留置場の一つに幽閉されていた。気の毒な男たちは、艦隊訪問のことが知れるとただちに追跡され、数日後引っ捕らえられて投獄されてしまった。彼らはその不運に平然と耐えている様子で、アメリカ士官の訪問を非常に喜んでいるらしかった。そして、士官にその姿がよく見える様にと願っている如くであった。訪問者の一人が獄屋に近寄ると、日本人は次のような文句を板片に書

いた物を手渡した。それはローマの硬漢ケトーのストイシズムの試練にもなるべき境遇で哲学的諦めを表した素晴しい見本であるから、ここに書き留めておく価値がある。

『英雄もその志を失えば、その行為は悪漢盗賊とみなされる、我々は人前で召し捕へられ、縛られ、数日間幽閉されている。村の長老頭目らは吾々を軽侮し、その虐待は実に悪逆である。されど、探してみても我が身を非難すべき何ものもなく、今こそ真の英雄か否かを知るべき時である。六十余州を行く自由は、余らの欲望には十分ならずとみたれば、余らは五大大陸遍歴をなさんと欲した。これぞ長年月の我ら衷心の願いだ。突如我が志は破れ、その身を半間に及ばざる所に見出す、食するも休むも坐すも眠るも難き場所である。いかに此処より逸れるべきか。泣けば愚者の如し、笑わば悪漢の如く見えん。ああ、我々は、ただ黙するのみ（市木公太）（瓜中萬二）』

## ペリー、松陰ら踏海者の情状酌量を求む

「提督は、二人の日本人が監禁されているのを聞き、参謀大尉を陸に派して、それがこの間船にきた同人であるかどうか非公式に確かめさせた獄屋は聞いた所にあったが、すでに空で、番人の話によると、罪人らはその朝、中央からの達しにより江戸へ送られたとのことだ。彼らはアメリカ船に乗りつけたために捕えられたのだが、その事件を処理する職権がないので、直ちに幕府に報告したところ、罪人を迎えに寄越してその管轄の下に移したのだそうである。その気の毒な男たちの運命は、はっきり分からなかったが、極刑を減じて当局がもう少し寛大で

あるようにと願った。奇異で殺伐な日本民法に従えばいかに重大な罪になるか知らないが、我々にとってはただ、自由で殊勝な好奇心に過ぎないことのために首を斬るというのだ。提督が当局に問いただしてみると、重大な結末になる心配はないと保証したので、幾分慰められた（注：と保証してくれたことをあえて記すことは欣快この上もない）」

## 「投夷書」の内容

黒船への決死行を試みる前に、下田散策中の米士官に松陰が素早く密書を託するいきさつについて述べる『ペリー日本遠征記』は、その密書の内容を英文原書完全復刻版の四二〇頁下段に掲げている。ペリーの命により、初めてその漢文で記される密書に目を通したに違いない首席通訳官サムエル・ウェルズ・ウィリアムズによる英文逐語訳がそれである。ちなみに、その「投夷書」として知られる松陰密書は、後年、発掘された「エール密書」とともに、まことに貴重な史料である。漢文による投夷書の文意をよく反映し、古典的な和文にしてある大羽綾子の訳文を『ペルリ提督遠征記』より以下に掲げたい。

「日本江戸の学徒（注：学徒二人）、事件を処理さるる高官（注：諸事件を扱う権限を有する高官）その他の方々に検分して頂き度念願にてこの書差出候。小生ら、浅学菲才にして貴下の面前に出ずるも恥ずかし者に御座候。小生らはもとより武術にも長ぜず、また兵法、軍規を論ずる能わず。ただ些事を求め、怠惰な逸楽に歳月を送り候。されども書を読み、また風聞によりて欧米の学問風習につき些か知るところあり。五大大陸に渡るを年来の宿願と致し候へども、我が国が国法は海事の諸点につき総て厳重にして、外国人の入国も内地人の外国行も共に堅き御法度に御座候。従ひて、他国訪問の小生らの希望はただ空しく胸中の焦燥となりて去来すること、あたかも呼吸を阻止され、足枷《あしかせ》をかけられたる人の如くに御座候。幸にして、貴国艦船数多この海域に到着、長期間滞在せらるるは、小生らに喜ばしき知識と注意深き検分の好機を与へ、貴下の親切と自由とを充分確信致し、貴下の他に対する心遣ひは小生ら多年宿志を生かすべしとの希望、新たに湧出ずるを覚え候。

これぞ多年の計画を実行致す致すべき時にして、小生ら極秘裡に個人的に書状を送り、貴艦出発の際、小生らを御同伴下さるやう懇請致す次第に御座候。かくて小生らは我国の法度を軽んずる事にならんとも、五大大陸を歴訪致し度候。事件の処理に当たる方々に於かれて小生らの願望を容れんが為にこの事に不都合を感ぜらるる事なきやう、小生らは如何様にもして艦内で出来得る労役に喜びて服し、与えらるる命令に服従致可候。跛男（注：足なえ）の他人の歩むを見ん時、必ずや己れも歩まん事を欲す可し。されど徒歩者の他人が乗馬せるを見ん時、如何にしてその欲望を充たす可しや。小生らは、之まで東西に三十度、南北二十五度以上出ずる事不可能にして、生涯貴下の下に行かんと欲する者に御座候。然れどもただ今目の当たりに貴下が暴風を冒して帆走し、大波を押し開きて進み、千万哩も軽快な速度で行かるるを見、且つ、五大大陸沿岸に行かるる知りたるに至り、小生らの歩まんとの意を抱ける跛男に、また、乗馬の有様を目撃する徒歩者に如何に似たるよ。事に当たる貴下が我々の願に一考を煩はされれば、御恩は忘るまじく候。然れども我国の法度はなお厳しくこの事発覚の暁は、小生らは無益にその生命を問われ、必ず極刑に処せらるべく、かかる結果は貴下御一統の他人に対して抱かるる深き人情と厚情を大いに痛ましむる事と存ぜられ候。もし貴下が小生らの請をいれんと思召らるる節は、生命の危険を避くる為、出帆の間際まで小生らの罪を隠密にして頂き度候。小生ら帰国の際は、我が国人ももはや過去の事を穿鑿《せんさく》致すまじく候。小生らの言葉はただ漠然と小生らの考を洩すのみに候へども、真摯なるものに御座候。もし閣下に於れてそれに対しご親切にご考慮下さるるならば、必ず真偽を疑はず又、小生ら希望に御反対なきやう願上候。両人敬意を以てこの書を呈す。四月十一日」

なお、小さな紙片が同封されて居り、それには（注：以下のように記されていた）。「同封の書状、小生らが長年抱懐せる熱誠なる懇請の書にして、横浜に於いて夜間漁舟にて貴艦に届けんと種々試みしものに候。然れども警戒厳重にして、他人の舷側に寄るを許さず、小生らも如何にせんか当惑致し候。艦隊下田に来る由聞き及び、機をつかまんと来り、小舟を手に入れて艦隊に漕ぎ寄せんとせるも、不成功に終わり候。閣下の小生らに同意せらるるを信じ、明晩、総てが寝静まりたる後、この近くの海岸にて人家なき柿崎に参る可く候。此処にて小生らに会し、御同道下さらば小生ら願望を果し、幸甚の至りに存候。四月二十五日」

## 松陰、金子両人の足跡を追う徳富蘇峰

下田踏海の罪を以て松陰、金子両人が獄舎に繋がれるのは安政元年（一八五四年）。その時より三十九年を経る明治二十六年の春、一人の紳士が熱海の宿に旅装を解いた。いまだ三十歳の

年若きその紳士とは、その頃、すでに『国民の友』や『国民新聞』などを主宰し、明治中期の言論界に重きをなす徳富猪一郎（蘇峰）のこと。その蘇峰が東京民友社より名著『吉田松陰』を刊行するのは、その後、十五年を経る明治四十一年（一九〇八年）のことだった。後の松陰研究者がこぞって賞賛する、その松陰伝には、学術的内容とは、珍しく一線を画する次のようなエピソードが記されている。

そのエピソードとは、かの幕末の志士二人が下田港における黒船搭乗という破天荒の企てを実行に移す、その直前十日間の足取りに関するものである。熱海の宿で、思いがけなくも蘇峰に松陰ら二人の足取りについて語ってくれたのは、何とその幕末志士の決死行直前、二人の泊まっていた下田の宿の主人、岡崎某の息子、岡崎総吉だった。

「父、岡崎は下田港の近く、岡方村で岡村屋と称する旅人宿を営んでおりました。当時、純粋の旅亭といいますのは、自分宅のほかに一軒あるだけでしたが、異国船到来後は、泊まり客が大勢やって参りました。安政元年の春もそろそろ終わりに近い、とある日、お二人の武士が宿にやってきました。何でも天城山を越えて来たとかで、随分お疲れのようでした。お年のころは、おふた方とも、二十三、四ともお見受けする若者でした。下田見物にいらっしゃったとかで、お二人は、二階の奥座敷をお取りのようでした。下田見物とはいうものの、お二人は、ただ父をお呼びになり、下田の模様を逐一お聞きになっただけで、特に見物にお出かけのようでもなく、ただ座してばかりいたり、寝転んだりしているだけのようでした。もっともある日、外より帰りがけにやせ形の小男、父に向かい、あまり景色が面白いので城山に登った、とかいっているのを耳にした事を覚えています。そのやせ形の小男といいますのは、満面に薄い天然痘跡のアバタがみえ、目は細く光り、眦《まなじり》は、きりきりと上に釣り鼻梁《びりょう》隆起して凸様の顔面。両頬は下殺し顎にチリチリした薄い蒼髯《あおひげ》乱れ生え、髪は大束の野郎に結っていました。ついでに来泊した時の様子を申し上げますと、藍縞の袷衣《あわせ》に小倉の帯を締め、無地木綿のぶっ割き羽織を着て、鼠小紋の半股引《ももひき》に脚絆をあて、前後に小さな包物を負っていました。

そのお方、衣服などには全くお構いなしとみえ、屋内はもちろん、外出の際にもただ、小倉の帯をくるくる廻しただけの装いでした。一切沈黙したままのようで、宿の者にも話しかけず、ただ食後にはトントンと廊下を運動し、時にはあまりの音に家の者どもは内々小言を申していました。昼の間は、二階の縁を飛び越えて屋根に上り、それより幾時間となく海を眺め、遠くにある外船の一点を見守っていることもありました。

食事も普通で、別に物好みもなく、ただ機械的に箸より口に移すだけ。酒を飲む様子もなく、ですから婦人に戯言《ざれごと》を吐くこともなく、ましてや遊郭などに足を踏み入れたりすることなど一切お見受けしませんでした。

夜は書き物や読書などをし、十一時半頃就寝。それから二人して何やら細々と話込んでいました。その声は二時過ぎまで聞こえておりました。朝も五時頃には起きだして、私が掃除に行く時にもすでに例の小包なども部屋に片付けられ、別段私に挨拶することもなく、ただ箒《ほうき》を握って立ち寄りますと、その人は邪魔にならぬように傍らに身をよけるぐらいで特にこれといった変わった様子も見られませんでした。

おふた方の滞在は、はっきりとは覚えていませんが十日前後だったでしょうか、後の五、六日は雨天打ち続き、珍しく晴れたと思うと外出し、五時半頃帰宿致していました。その翌日も朝より外出して正午頃に帰り、午後三時頃より再び外出いたしました。

はて不思議、滅多に外出したことのないお客様が今まで帰らぬとは、イヤイヤ若者の常なれば、どこかに引っかかりなどしているのかな、などと噂をしながら待てども、待てどもお帰りの様子がなく、取りあえず戸を閉め、一家就寝致しました。

未明に柿崎村名主小澤某、父を呼びにきて、何事ならんと父は驚きながら出て行きましたが、何という事でしょうか、うちの客人が御国法を犯し外国船に乗り込まんとして失敗し、自首したとのことでした。一方、柿崎村民が褌《ふんどし》を櫓綱とし、大小（刀）、行李などが中にある漁舟の漂流してきたのに気づき、名主に届け出たようなのです。それがうちの客人であることが判明し、呼び出されたとのことでした。いやはや、とんでもないことだとして驚きながら、伺った事の次第というのが何でもその我が宿の客人、重罪人として網かごに入れられた上、江戸に連行されたとのことだったのです。お陰で我が家はお叱りをうけた上、七日間の営業停止を命じられたのです。客人らが如何にして、いつの間に包物を持ち出したのか、全く気づきませんでした。後ほど調べましたところ、預けものとして置かれていたのは、二組の半股引と脚絆だけで、私の母親など、その預かり物を投げつけて、いやはやなんという貧乏神に舞い込まれたものか、と口にしていました。といいますのも、宿代を払わぬのみか、こんなにも迷惑をかけられた上、こんな預かりものでは何の償いもならぬ、という次第です。当時の旅籠代は三食一泊で八百文。ということは、両人十日として一円六十銭の大損という訳です」

## 4．漂流、踏海者の光と陰—ジョン万次郎、松陰、音吉、ジョセフ彦

### 英傑四人のドラマ

片や漂流者としての運命が米国大陸への道を拓き、片や国禁を犯してまで渡米に命を賭けた若き日本の英雄達—ジョン万次郎、音吉、ジョセフ彦、松陰—四人の辿った人生は、「光と陰」の表現を以て語るのがもっともふさわしい。前者三人を「光芒」をもって語れば、「陰」があたかも松陰の運命、いや悲運を示唆していたかのように……。

まず、その光と陰の立役者四人のデータを以下に掲げよう。

ジョン万次郎　一八二七年生まれ。米国上陸、一八四一年（十四歳）

松陰　一八三〇年生まれ。失意の踏海、一八五四年（二十四歳）

音吉　一八一八年生まれ（？）北米カナダ沿岸着、一八三四年（十六歳？）

ジョセフ彦　一八三七年生まれ。米国上陸、一八五二年（十五歳）

ここで私は、一八五〇年生まれの英国の文豪スティーブンソンを上のデータに含めようかと、一瞬心を動かされたことを記しておかねばならない。かの文豪が、その筆になる *YOSHIDA*

*TORAJIRO* の中で「自分が松陰とほぼ同時代に生きたことを幸せに思う」と、感慨深い筆致で述べていたことが、いまだ私の心中の片隅にあるからである。それだけではない、早くから旅に生き、放浪の末は何と南太平洋の孤島サモアで生涯を閉じている文豪の生き様に上の四人の人生行路と軌を一つにするものがあると思えて仕方がないからである。そのことはともかく、今は、世にその名を知られて久しい上記日本人四人にしぼって話を進めよう。

　まず、そのジョン万次郎、松陰、ジョセフ彦の三人の生まれた年に目を向けてみるに、最年長の音吉を除く彼ら三人が、それぞれほぼ同時代に呱々《ここ》の声を挙げていることが分かる。三人のうちの年長者ジョン万次郎と最年少のジョセフ彦との年齢の隔たりでも、たかだか十年である。そのような共通点は、しかし、やがてその内のジョン万次郎とジョセフ彦、そして音吉が海難事故という思いも寄らぬ偶発事故という共通点を分かち合いながら、それぞれがまた違った人生行路を辿り始めるのだった。その人生行路には、彼ら三人が全く予期しなかった、というか「運命の女神」の采配としか思えぬ米国、そしてカナダへの渡航という未来が待っていた。

　さて、ジョン万次郎やジョセフ彦の辿った人生行路を今またここで縷々《るる》開陳することが筆者のさしあたっての目的ではない。いや、何よりもまず、以下幾つかの点を記しておかねばならない。太平洋上での漂流という偶発事故のもたらす予期せぬ米国大陸との遭遇、片や「我ら世界見物いたしたく……」との悲願を胸に秘め、周到な計画のもとに黒船へ乗り込むという二十一回猛士、松陰の企て、そしてこれまたいかなる「運命の女神」の采配なのだろう、全く異なるドラマ、いや「悲劇」の展開をここに見る思いを禁じ得ないからである。

それだけではない、日本開国という未曾有の歴史的舞台、すぐそこまでやってきている新時代への開幕、その動きの中での悲劇に、より深いドラマを感得する読者は多いに違いない。ただ、より良識溢れる読者が、それだけに留まっていては、かの文豪スティーブンソンに相済まない。スティーブンソンは、その悲劇の主人公が斬首の極刑に処された後、わずかに数年を経る頃の新興日本国に明るい兆しをみていたではないか。文豪の慧眼《けいがん》は、当時の我が国における知識人の誰よりもいち早く革命の一大成功という、より深いドラマをそこにみていたではないか。その文豪スティーブンソンをそのドラマの主人公の存在に気づかせ、その教化に与ったのが、また、かつて松下村塾において師松陰の謦咳に接したことのある正木退蔵という日本国の新たな時代を代表する一知識人だったこと、そこに、私どもはそのドラマの限りない進展、深化、展開を見る思いである。

## ジョン万次郎と フランクリン・ルーズベルト

今一つ、土佐の国、中浜村出身の中浜万次郎、後のジョン万次郎。その人の存在が、後年の「日本国の真珠湾攻撃という一大ドラマと関係あり」と宣言する筆者の声をひとまずここに記しておいて、さきに論旨を進めよう。

ジョン万次郎が、米国捕鯨船のウィットフィールド船長に伴われて米国東部マサチューセッツ州の港町フェアフェイブンにたどり着くのは一八四一年。時に万次郎弱冠十四歳。機知に富んだジョン万次郎はたちまちにして船長一家の人気者となり、すぐに村の学校に通い始める。

級友の一人にジョブ・トリップというのがいて、学校での授業を終えてからは、よくその級友の家へ遊びに行ったりしている。そのトリップ君の家の真向かいには、ひときわ目を引く大きな邸宅があった。その家こそ、第三十二代米国大統領フランクリン・Ｄ・ルーズベルトの祖父母ウオレン・デラノ宅だった。ルーズベルト大統領は、しばしば単にＦＤＲと呼ばれることが多かった。そのミドルネームのＤがすなわち祖父母のデラノである。フランクリンの祖父デラノは、またジョン万を町につれてきたウイットフィールド船長の捕鯨船の船主でもあった。

フランクリンはいまだ少年の頃、家族に連れられて海沿いの祖父母の家へよく避暑に出かけたものだった。フランクリンを膝に座らせては、祖父のウオレンは、道一つ隔てた隣人トリップ家によく来ていた遠い日本からという利発な少年ジョン万のことを話してやっていた。それだけではない、ジョン万は、トリップ家とデラノ家の人たちと一緒に町の教会に連れて行ってもらったりしていたのだった。そのことをフランクリンは成人してからからもよく覚えていた。

日米関係が悪化の一方をたどる世の動きにあって、ＦＤＲは日本の中浜万次郎家の御子孫との連携を大事にしていたと伝えられる。そのあたりのエピソードを私が初めて知ったのは、木村毅の名著『日米文学交流史』によってだった。米国史上、異例の大統領四期当選を果たすＦＤＲの初期ホワイトハウス時代の一九三三年、時の駐米日本大使石井菊次郎子爵が、ホワイトハウスを訪れている。大使を通じてＦＤＲはジョン万次郎の子息、中浜東一郎医博が健在だと知って、ホワイトハウスから東京の中浜医博宛書信を送り、幼少時代に耳にしたジョン万次郎のことを伝えている。木村毅の著書には、そのＦＤＲの書簡が載っている。その書簡をＦＤＲ

はつぎのような言葉で結んでいる。

「中浜の名は私の家族の間ではいつまでも記憶に残ることでしょう。貴殿やご親戚のどなたかが米国の地を訪れる際には、ぜひとも拙宅へお寄りいただけますよう」

ＦＤＲが真珠湾攻撃の第一報を受け取るのは、その八年後のことである。

以上のエピソードを私は、拙編著『ビジュアル版　大琉球国と海外諸国—欧文日本学・琉球学への誘い』の中で取り上げている。詳細については、同書の「ＦＤＲ」、「日米親善の胎動と暗雲」などの項目に目を通していただければと思う。

## 日米関係に暗雲

ビジュアル版の中で取り上げたＦＤＲに関するエピソードがもう一つある。

日増しに強まる日米関係の悪化で、やがてパールハーバーが烈火の海と化す何年か前のこと、ホノルルの新聞『フレンド』紙の社内史料室で何やら懸命に調べ物をしている一女性社員の姿があった。『モーニング・マーキュリー』紙上でジョン万次郎の存在を知り、その伝記をまとめたいとの意気に燃えるエミリー・ワリナー女史だった。

日米間に暗雲の立ちこめるなか、ワリナー女史は万次郎の面影を求めて渡日し、中浜家の門を敲き、同家より多くの資料の提供を受けている。米本国に戻っては、万次郎ゆかりの地フェアフェイブンの地へももちろん足を運んでいる。こうして完成するのが女史の英文原著 *Voyager to Destiny* である。発行は一九五六年、女史がホノルルでジョン万次郎の存在に気づいてから太平洋戦争をはさむ十数年後のことである。その英文書については早くから和訳版が知られる。

　ワリナー女史の万次郎伝が刊行されるや、たちまちにして欧米各国で注目を集めることとなる。その要因の一つに、ルーズベルト大統領自身が祖父デラノを通じて万次郎の名に親しんでいた事実が明らかにされたことがある。女史は、自著万次郎伝の冒頭序言第一行目を次のような大統領の言葉で始めている。

「万次郎は、私の少年時代のアイドルでした。一介の漁師から身を立てる立身出世物語！　いやあ、これこそもっともアメリカ的物語ではありませんか。考えただけでも嬉しくなります。このエピソードはもっともっと広く世に知られるべきです。うまく、まとめられますよう」

　大統領みずからワリナー女史に語りかけた言葉である。そのようないきさつがあって、女史はホワイトハウスに招かれるとの栄誉に与ったりしている。

　と、ここで一息をつき、私は読者に問いかけたい衝動をどうすることもできない。上掲拙編著ビジュアル版で私は次のようにも記した。

「日米親善の歴史、わけても日米外交史に無知な政治家や軍人の存在ほど国の進路を誤り、また危うくするものもありません。歴史に対する無知、歴史感覚の欠如ほど恐ろしいものもありません」と。

　その言葉をここで今一度読者諸氏に投げ掛ける私の心中を占めるのは、「真珠湾攻撃」の第一報を受け取った際の、時の米国大統領フランクリン・D・ルーズベルトの心中を駆け巡るのは、どのような感慨だったのだろう、どのような思いだったのだろう、ということである。真珠湾攻撃の報に接するや、その日のことを自国民に向かって“The Day of Infamy”「屈辱の日」と呼びかける大統領の声、それはまた何よりも日本国の国民に呼びかける声であった、と私には思えて仕方がない。

幕末の志士、松陰以前、「漂流」という、自然の采配によって米国大陸に渡り、米国東部ニューイングランドで基礎的な教育を受け、その地の慣習を吸収し、隠れた形ではあったものの、早い頃の日米関係の親善に貢献しているジョン万次郎、いや中浜万次郎、後年、東大の前身、開成学校教授にまで大成しているジョン万次郎の知識、その英語力を最大限に利用してしかるべきだったのが、時の徳川幕府だった。しかし、権威の保持に固執し、攘夷の観念にのみ縛られる幕府がやっと国防の脆弱なことに気づき始める頃、その中枢には、そのような先見の明に富んだ柔軟な頭脳の持ち主がいなかった。ジョン万次郎の存在を、敵国の回し者ではなかろうか、だから外交の表舞台には出すべきではない、といったメンタリティーの存したことさえ幕末史を扱う書物に散見され、そのような事実ほど、幕府中枢の後進性を象徴するものもない。

既存の政治形態、権威、慣習に執着するばかりの、時の権威の中枢のメンタリティーを打ち破るには、ペリーの来航という一大外圧に待たねばならなかった。

**ジョセフ彦**

漂流による海外漂着者ジョセフ彦のその後の出世物語は、また音吉のそれと軌を一にするところが多い。米国滞在の経験を買われて、開国後初の米国領事として下田にやってきたタウンゼント・ハリスの進言によって神奈川領事館付きの通訳として外交の舞台で用いられたことがあったりした経緯、逆にまた、幕府が万次郎の存在を充分に活用しきれずにいたことを思うにつけても欧米外交陣の進歩性、いや、それにもまして幕府の後進性を思わずにはいられない。

## 歴史のアイロニー

ジョン万次郎、松陰、音吉、そしてジョセフ彦という幕末の混乱期に生を享けた四人が歴史の流れの功罪とでもいえばいいであろうか、あたかも運命の女神のたわむれとしか思えぬ采配のもとに片や海外への道を見出し、片や新時代の動きに疎《うと》かったとしか思えぬ幕府中枢の手によって一人の英傑、いや多くの志士が命を絶った。そのような歴史の流れのアイロニーに、私は、かのスティーブンソンとは違ったドラマの展開を夢見たりすることがある。仮に（これはあくまでも、太文字、括弧付きでの「仮に」なのだが）松陰、そしてその同志金子重輔が黒船艦隊船上の人となって米国へ向かっていたとしたら？　わたしの想像、いや妄想は「松陰、その後」というドラマのタイトルとなって、飽くことを知らない……。

異国への渡航を夢見て果てた松陰の死は、しかし、決して無駄ではなかった。九年後の文久三年（一八六三年）、横浜港の埠頭を静かに出航する船があった。船上には五人の「密航者」が乗っていた。長州は萩藩の勇士五人、伊藤博文（俊輔）、井上馨（志道聞多）、井上勝（野村弥吉）、山尾庸三、遠藤謹助。目指すは遠い異国、いや、夷国イギリス！　その頃、下関では、長州藩の砲台から異国船へ向けて火を吹く砲火の黒煙が港の空を覆っていた。

その密航者五人の降り立ったのはロンドン。テームズ河畔のここかしこより立ち上る黒煙、それは長州下関の空を覆う戦塵の匂いを含んだ黒煙とは異なり、かつての大航海時代の勢いにやや陰りが見え始めていた大英帝国とはいえ、近代的海軍国としての再生を告げる新たな息吹を象徴するものだった。

間もなくにしてロンドン大学ユニバーシティーカレッジのキャンパスには英国海軍について学ぶ伊藤と井上馨、数理学・鉄道を学ぶ井上勝ほか、それぞれ工学・造船学、そして経済学・造幣術の修得に専念する山尾、遠藤らの希望にあふれる姿があった。

伊藤博文ら五人の密航者が横浜港を出航した、わずか二年後の慶応元年（一八六五年）、新たな密航者の一群が幕府の禁令を冒して英国留学へと旅立った。その密航者の数、何と十九名、その中には薩摩藩の五代才助、寺島宗則、森有礼らの姿があった。その英国行に通訳として同行したのが、かの堀達之助の次男、堀孝之だった。帰国後、孝之は、薩摩藩の船奉行見習に取り立てられ、数ヶ月後にはパリ博覧会への薩摩藩使節に同行している。

## ラナルド・マクドナルド——日本への密航者

これまで我々の扱う万次郎、音吉、ジョセフ彦らの運命が、もっぱら大和の国より東へ東への潮流に乗った漂流譚であったのに対して、逆に西から東の日本国へという今一つの潮流があったことを忘れるべきでない。北米カナダの西部沿岸より太平洋の西へ西へと流れて行き、遂に日本国は蝦夷の地に辿り着いた異様な風貌をした一青年があった。二十四歳のラナルド・マクドナルドである。

　それほど長身ともいえない、いかつい体躯、浅黒い顔は、通常の白人というよりも、何となく米大陸の少数民族インディアンのそれを想起せしめるところがあった。蝦夷の地の北端、宗谷海峡に面した宗谷地方の西岸に利尻《りしり》島がある。その島より立ち上る煙に人の住む気配を感じたマクドナルド（船乗り仲間にはマックとして親しまれていた）は、ボートに身を横たえながら様子をうかがっていた。そのうち、漁師らしい四人を乗せた小舟が近づいてくるのに気づいたマック、すぐさまボートの栓を抜き、水を半分ほど満たし、その中で半死半生の息づかいを装っていた。マックの苦肉の策はうまく功を奏した。漁師らに救助された形となったマックは、すぐさま島に運ばれ、衣食をもって遇されるとの島の人たちの親切な処遇に接した。漂流に名を借りた鎖国日本への渡航という前代未聞の冒険の始まりだった。その冒険が数年後にやってくる日本開国という史上初の一大椿事とも深く関わることとなろうなど、当時のマックには思いもよらなかったに違いない。

　ラナルド・マックの生まれは、文政七年（一八二四年）、松陰、ジョン万次郎、音吉、ジョセフ彦らと同時代の人物である。コロンビア河口、英領アストリア（後のオレゴン州）地方の知名士でスコットランド出身の父親アーチボルド・マクドナルドと、その頃、有力なチヌク族酋長の娘プリンセス・サンディーの間の第一子として呱々の声を挙げた。父君アーチボールドはスコットランドの名門エジンバラ大学で学び、米大陸に移ってからは、手広く毛皮や皮革の取引に取り組むハドソン湾商会の営業支配人という重責を担っていた。

## 「三吉」との接点をめぐるミステリー

ラナルド・マックの漂流潭は後年マックの残した「自叙伝、回想録」の稿本に、幼少の頃、故郷アストリア近くのコロンビア河口近くにしばしば打ち上げられる太平洋上からの漂流船、漂流者の到来に関する物語を聞いて、大洋の向こう岸、日本国への憧れを抱き始めたとの記述がある。その回想記、自叙伝の著者マックは、海一つを隔てた向こう隣りの国が我が誇るべきインディアン民族の故里ではなかろうかと、漠然とした観念ではありながら、いつの日か、かの「遠い故郷の地」をこの目で確かめたいとの思いを抱くようになっていた。

音吉、岩吉、久吉ら「三吉」として知られる漂流者がコロンビア河口近くに漂着し、救助されるのは、そのようなマックの幼年時代と重なっている。我が国で、その「三吉」の冒険談が話題となり始め、一方では、我が鎖国日本国へ初めて足跡を印したのが、マック青年だということで、その生い立ち、冒険の歩みに目を向ける研究者が出始め、その存在が注目され始める。

フィクション、ノンフィクション作家の目にはまた、「三吉」の太平洋横断の冒険という筋書きが、たまらなく興味ある題材として浮かび上がる。三浦綾子の『海嶺《かいれい》』に魅了された読者は多いに違いない。文庫版三巻からなるその小説の中巻に、幼いマックが突如三人の漂流者「三吉」に近づき「へええ、遠い、遠い向こう岸の国からひどい冒険を経てやって来たんだって?! 凄ゴーイ! 僕もいつか日本に行く！」と話しかける茶色の目をした「少年ラナルド」

少年との出会いのシーンが描かれている。

まず、英文による数あるマック伝の中で、さしあたり筆者の手元にある以下のようなものが代表的な著作として挙げられよう。

Ranald MacDonald: *The Narrative of his early life on the Columbia under the Hudson's Bay Company's regime; of his experiences in the Pacific Whale Fishery; and of his great Adventure to Japan; with a sketch of his later life on the Western Frontier 1824-1894,* Edited and Annotated from the original manuscripts by William S. Lewis and Naojiro Murakami, 初版 1923, 復刻版 1990

Ranald MacDonald: *Pacific Rim Adventurer,* By JoAnn Roe, 1997

Frederik L. Schodt: *Native American in the Land of the Shogun: Ranald MacDonald and the Opening of Japan,* 2003

なお、和文による「R・マクドナルド」（『近代文学研究叢書』第二巻、一九五六年）が早くから知られる。

まず、マックに関わる記述の多くが、これらの文献に負う所の多いことを記しておきたい。ラナルド・マクドナルド研究者必携の書ともすべきウィリアム・ルイス、村上直次郎の編になる英文マック伝の巻末には、後書きの形で八頁にわたる注意書きが附されている。その「後書き」の著者の名はジーン・マレー・コール。マックの父親アーチボルド・マクドナルド伝の著者として知られる人物である。

その後書き、注意書きの冒頭を著者コールは次のような文章で始めている。

「ルイス、村上両教授がラナルド・マクドナルドの回想記の原稿をもとに初めて本書を出版されたのは一九二三年のことだった。以後、何年もの年月を経るうちに、その回想録に関する研究が進み、新情報、事実が判明し、時には、その回想録に新たな解釈を以て臨まねばならない事が分かってきた」

そのような、ある意味では、厳しい「書評」にも近い文章をあえて巻末に収録したルイス、村上両教授の学究としての態度をまず称揚せねばならない。読者にとっても、その事実はともかく、時として日本における英学の祖と呼ばれ、また日本の開国史にもかかわる人物、ラナルド・マクドナルドの正しい理解にも寄与するであろうことを期待し得る後書き、注意書きである。そのような意味で原著復刻版の両編者があえて巻末にコールによる一文を附することとしたに違いない。

そのコールによる、もっとも大事な事実の「訂正事項」が、かの「音吉、久吉、岩吉」三人の漂流者と幼少の頃のマックが直接会っているような世評の存することに触れた上で、そのような事実はない、と断言していることである。そのような世評の一つに、例えば上記三浦の『海嶺』出版の三十年も前に出た『近代文学研究叢書』中の「R・マクドナルド」の項に「尾州の漂流民三名がコロムビア河口に漂着し、マクドナルドの父に引き取られ、手厚い手当を受けたという事実がある。マクドナルドは、この時七歳の幼年ではあったが、片言ながらこれら日本人から直接に話を聞いたという」といった記述さえ存する。

コールが示しているマックの回想録にみる歴史的な背景、年代の誤記などの指摘は、いうまでなく読者にとって、あり難いことである。

ただ、その回想録が、マック晩年の文字通りの回想の記録であること、さらにまたマックの父君アーチボールド自身の関係するハドソン湾商会とも繋がりの深い医師マクロフリンが、多額の私費を費やして「三吉」の苦境を救ってやったといった事実を知る私には、そのような歴史的な厳正な指摘はともかく、若くして父君アーチボルドの元を去っているマックではありながら、後年「三吉」についての話を耳にしたか、あるいは、音吉はじめ「三吉」の冒険談が世間で話題となり始めるいきさつに接していたのではとの思いをどうすることもできない。

そのようなことはともかく、『日本―冒険の物語』と題する回想録の筆者マックと日本との直接的な接触が、蝦夷地への上陸から、長崎より上海へと去るまでの、たかだか一年そこその期間に過ぎない事実に目を見張らされる。それだけに、かのペリー率いる黒船来航に際して、かつて、長崎においてマックより英語の指導に与《あずか》った通詞森山栄之助らが活躍する幕末の時代背景、その重要性が世の注目を浴びるのだろう。しかし、それ以上に、私たちが、マックに惹かれるのは、何といっても、その魅力に溢れる人物像、日本におけるその冒険談であり、また青い目の学究が多くのマック伝を残している所以でもあろう。

## 青い目のマック研究家

そのような「青い目の作家」の一人が先に挙げた英文マクドナルド伝の著者、フレデリック

・L・ショドット（Schodt 現役作家の著者には異論もあろうが、差し当たりそのようなカタカナ表記にした）である。

最新のマック関係文献、史料を駆使しながら日本におけるマックの足跡を辿るショドットの *Native American in the Land of the Shogun: Ranald MacDonald and the Opening of Japan*（2003）は四一七頁に及ぶ大著だが、平易な文章で綴られている。この分野における「バイブル」として知られるルイス／村上編著者のマック回想録の、本文と同量かそれ以上に及ぶ注記の読解に疲れた私には、砂漠でオアシスにでも出くわしたように感じられた。ショドット著の和訳版が存するのか、寡聞にして知らないが、しばらくは標準的なマック伝として、この分野の読者、研究者には歓迎され続けるのでは、と思われる。

## レザノフの北米探検―その不思議な結末

ペリー来航以前、北方カムチャッカ半島沿いに南下しつつ、虎視眈々と蝦夷地への侵攻を謀るロシアの脅威、特に松前藩との抗争は、ニコライ・レザノフ、ゴローニンといった人物に代表されながら展開する。ロシア皇帝の使命を得て、レザノフは極寒の地アラスカへの探索を試み、その地で購入した米国船「ジュノー」にたっぷり物資を積み込んで意気揚々と北米西部沿岸を南下し始める。コロンビア河を南下しつつ、さらにカリフォルニアはサンフランシスコまでその足跡を残している。その大冒険は、ロシア帝国の更なる領土拡大の野心と結びついていた。その頃のカリフォルニアは、かつてその地を支配していたスペインの勢力に陰りが見え始めていたのだった。

サンフランシスコ北端の町プレシデオは、今日では金門橋南端に広大な公園を有する景勝の地と知られているが、かつては米海軍の基地として知られていた。その美しい町でレザノフは十六歳の美少女と恋に落ちる。宗教的な違いをものともせず婚約した後、レザノフは己れの上司の許しを得んものと、その婚約者を残したまま遠いセントピーターズを目指して太平洋の横断を始める。しかし、大冒険家レザノフを待っていたのは、悲劇以外の何ものでもなかった。四ヶ月後にカムチャッカに到着したレザノフは、落馬後、病いに冒され帰らぬ人となってしまった。彼の死と共に消え去った夢の一つが「ロシア領米国」（！）だった、とショドットは述べている。ロシア人婚約者レザノフの帰りを待つ美少女は、その後結婚することなく、尼僧として生涯を終えたという。「ロシア版蝶々さん」とでも呼べそうな悲恋物語ではある。

## 森山栄之助とマクドナルド――その奇妙な出会い

さて、マックこと我がマクドナルドと長崎のオランダ語通詞、森山栄之助との奇跡的な出会い、そしてそれがやがて浦賀港への黒船来航、密航者松陰と同志金子重輔と結びつく接点へと話を急がねばならない。下田踏海を企てたのち、獄に繋がれる松陰、金子らの調査に現われるのが通詞森山栄之助だったことについては、すでに触れた。

長崎の獄舎に繋がれるマックが米語の話し手ということに気づいた森山がその千載一遇の好機を逃すまいと、己れの役人としての身分を忘れ、突如熱心な米語学習の徒となって、師マックと友情を結ぶに至る。ここまではすでに触れ、また関連文献の随所にみられるところでもある。

## 独人ゾーベルの森山多吉郎

ここでは、むしろ「森山栄之助、多吉郎のその後」ということで、話を続けたい。筆者の手元にドイツ語の論文で「ベルリンにおける一日本人」とでも解される森山の欧州における活躍を伝える得難い論考が存する。著者はグンター・ゾーベル。

その論文によると、文久二年(一八六二年)、英公使ラザフォード・オールコックは帰国にあたり、外国奉行支配通弁頭取森山多吉郎ほか一名の役人を伴っている。森山らは、先発の遣欧使節団の通詞としての重要な使命を帯びていた。新任の英国代理公使ニール来日の頃である。この分野の専門家には欠かすことの出来ないオールコックの回想録『大君の都―幕末日本滞在記』には、いくども森山の名が記され、その人物を極めて高く評価している。森山の得意とするオランダ語がベルリンでのプロイセン国王謁見の席、またペテスブルグでの皇帝ツアーとの謁見の際でも公式語として用いられた。使節団代表、竹内保徳の挨拶が森山のオランダ語からドイツ語とロシア語に通訳されたという。

著者ゾーベルは二〇〇二年に東京のドイツ東洋文化研究会で発表した論文の中で、森山につき次のように記している。筆者の通詞外交官論の今一つの見解を見る思いである。

「彼は単にオランダ通詞というだけではなく、厳格さと頑固さで評判の、天賦の才に恵まれた近代的な外交官の一人であった」

## 5. 佐久間象山と松陰

**林政文著「佐久間象山」**

松陰が師と仰ぐ佐久間修理こと象山については、徳富猪一郎著『吉田松陰』(明治四十一年)の刊行を遡ること十一年、明治二十六年(一八九三年)には、すでに林政文著『佐久間象山』(東京、開新堂発行)が世に知られるようになっている。同書には、これまた象山翁の弟子、勝海舟伯爵がタイトルに美麗きわまりない健筆を振るっている。巻頭にはまた、後年、佐久間象山全集や遺文録など幾多の象山関係書に収録を見る象山像の原型かとも見られる墨筆による見事な肖像図が収められている。

数年前、筆者は幕末の琉球国と開国前の日本国、そして欧米諸国との関係を扱う一書『大琉球国と海外諸国』*A Visual Introduction to the Great Lew Chew and Countries beyond the Seas* の中で、ジョン万次郎の琉球国上陸前後の足跡を追って、米国東部ニューイングランドはマサチューセッツ州、ロードアイランド州など万次郎ゆかりの地における万次郎の様子を紹介したことがある。

それ以前、松陰をめぐる「エール密書」などの調査研究に専心していた筆者の心中にふっと松陰は何ゆえに国禁を冒してまで「密航」にこだわったのだろう?「漂流」による異国への渡航という考えはなかったのだろうか、と一応誰しも考えるに違いない感慨、疑問を抱いた覚えがある。松陰以前、「漂流」によって異国の地へ渡り、しかも後年、功成り、名を遂げたジョン万次郎、いや中浜万次郎の例があればこそ、というのが私の単純な思いだったようにも思う。

エール大学での学会を機に「エールと吉田松陰」のテーマで本稿を草することとなったが、かつての「密航？」「漂流？」という考えが再び頭をもたげてきた。改めて松陰や、その師佐久間象山との関係等を扱う関連文献書籍を繰るうちに、「松陰はジョン万次郎のことを知っていたのであろうか」という疑問には「いかにも知っていた」との回答が得られた一方で、改めて、万次郎や、ジョセフ彦ら海禁時代の「外国帰り」や、海外に漂着したものの、生涯母国日本の土を踏むことのなかった、「三吉」の一人、音吉ら幾人かの漂流民、また同じく海禁時代に初めて蝦夷の地より日本への密航、入国を果たしたラナルド・マクドナルドの例などにも目を向けねば、との思いを強くし始めていた。

**佐久間象山**

## 象山の「二虎」

象山伝、象山論の早い頃の著述と目される林政文の『佐久間象山』の中に、「佐久間の二虎」として次のような記述がみられる。

「象山の高弟、吉田寅（林の原著には虎、引用者）次郎、小林虎三郎二人、佐久間の二虎を以て称せらる。寅次郎、気を以て勝ち、虎三郎、学を以て優る。ともにこれ俊秀の士、象山深くこれを愛す」

ペリー来航直後より始まるいわゆる幕末と呼ばれる波乱万丈の歴史が、しばしば、ドラマチックな「幕末史」といった言葉によって、その「幕末」が、あたかも遠大な歴史の流れのような感覚、いや錯覚に陥ることはないであろうか。これは私自身の錯覚でもある。「幕末」という言葉で区切られるその時期、期間は、事実上ペリーの黒船来航に始まり、一八六七年の大政奉還に至る、たかだか十数年に過ぎない。英文豪スティーブンソンでさえ「あの革命以後、僅かに十二年」といった表現をしていた。

革命期の時間の流れ、怒濤のようなその流れに思いを致すにつけても、幕府の指導層の一角に佐久間象山という革命児の存した事実、先見の明の持ち主がいた事実を思わずにはいられない。

象山は、ジョン万次郎の存在を知っていた。そして、そのジョン万次郎の辿った運命の経緯を松陰に伝えたのも象山だった。下田踏海後の安政元年、松陰が二十五歳の時にその破天荒の企ての前後の様子を日記風にした記録「回顧録」がある（岩波『吉田松陰全集』第十巻）。松陰らの踏海の企てが発覚し、その踏海者二人に支援の手を差し伸べたのでは、との嫌疑で逮捕の憂き目をみる象山と奉行所の取調役、幕吏との間に交わされた質疑応答の概要、特に象山の抗弁の内容を松陰は次のように記している。

「昨年来の事は古今の大変、国家宜しく非常の政あるべし。且つすでに萬次郎が禁固を免《ゆる》す、偶々《たまたま》国家多事未だ士を海外に遣はすの命なしといえども、今、私《ひそか》に海外に出でて夷情を探聴する者あらば、もとより当《まさ》に其の罪を免し、国用に供すべし」

## 師、象山を庇わんとの松陰の「抗弁」

象山の愛弟子松陰が己れの師、象山の幕吏に対する「抗弁」の形で伝えるこの記録は、ジョン万次郎についての情報を松陰が師象山を通じて知っていたことを示す重要な陳述であることはともかく、それ以上に注意すべきは、あくまでも師象山をかばわんとの愛弟子松陰の「抗弁」でもある点に注意したい。そのことを以下にみておこう。

下田踏海事件の一年後、松陰が萩の野山獄中において記した記録に「野山獄来翰節略―佐久間象山対吏の模様」と題する一篇がある（同上『全集』第十巻）。少々長い引用になるが、引用者のコメント、解説、いや卑見を（　）内に付しながら掲げよう。読みやすくするために、適宜句読点を付してある。

「象山、吏に対し未練を申したる様申すものあるよし、是れ間違いなり（象山が延命に執着し、くどくど述べていることを、松陰は「未練」という言葉で表わしている。松陰が強く否定しているそのような対象山観はおそらく幕吏を中心とする側からのものであろうが、そのようないきさつ、評価がすでに早い頃から行われていた点、そしてそれが後世のある限られた人たちの間で、象山がいかにも「腰抜け」（卑怯者）だったとの評価を与える遠因ともなっているようにも思われる）。弟《てい》（弟子の私）と渋生（下田踏海時の同志金子重輔）が口供には、国禁は百も承知の前なり、古人（『全集』に以下の頭注あり。趙の貫高。漢の高祖趙王を罵りし怨に報ゆるため暗殺せんとし超王とともに投獄せられ、遂に王の冤罪を訴え、王の獄を出づるや、自殺す。この語は嘗て趙王の慰留に答へて決意を示せるもの）の所謂『事成れば王に帰し、事敗れば独り身坐するのみ』と申す心得にて、『事成れば上は皇朝の御為、下は藩主の為にもなるべく、もし事敗れば、私ども首を刎ねらるるとも苦しからず、覚悟の上なり』と始終申し立て候故、甚だ立派にて、吏も舌を巻き、国に報ずる志、さもあるべしと感心致し候。又象山は然らず（そうではない）。吏云く、『其の方十年来厚く国家の為外冦を患へ、遂に此の度のことに及び候段、其の志は感心なることなり。さりながら、重き国禁を犯す段は恐れ入るか』と。象山云はく、『御国禁は犯し申さず、昨年寅（寅次郎）等再遊の砌（際）にも、風に放たれ候にて彼の地へ渡る段然るべしと申し候。此の段は恐れながら私深く苦心仕り候儀、御察し願ひ奉り候。十年来、間諜細作《さいさ》の急務たることは心付き候へども、重き御国禁を存じ候故、曾《かつ》て門人などへもおくびにも出したることとなし。然る處土佐の漂民萬次郎召出され候故、私存じ候には、間諜のことも追々官許之れあるべく候へども、廟堂も御多事にて未だ其の儀に及び給はず、併し漂民を（斬首に処することなく）永く禁固するの一事は、先づ御旧例を改められたる姿なり。然れば志士外国に出づるも、漂流とさへ名がつき候へば、宮にも其の者を御有寛《ゆうかん》（寛容）なされ候道之れあり。因って風に放たれ候儀と申したることに御座候。秘《ひそか》に廟堂上を察し奉り候に、古例古法に付き拠《よ》ん所なくも御沙汰に及ばれ難きこと之ある故、何とか術を設け海外へ出で、功を成し帰り、御役に立つべく候へば、法外の意に行われ候様に苦心仕り候儀に御座候。且つ昨年来の変、神州三千年来の大変故、宮にも亦格外の御処置之あるべく存じ奉り候故、寅（寅次郎）らが所行然るべしと申候儀に御座候。全く御国禁を背き候心底毛頭之れく候』。対州大いに怒りて曰く、『汝萬次郎事に付いて、外国漂流の者の禁固の法弛みたるなどと申すは、下として上を臆度《おくたく》（憶測、即断）する段、甚だ不屈《ふとどき》なり、是は上様如何なる御深慮在らせられ候事にや、此の方どもも存じ奉らざる事なり。術を設け海外に出で、漂流などに名を託し申すべき心底、国禁を犯すなり。且つ非常の大変とても、法令は法令なり』云々。此の論、往々甚だ激なり。遂に象山申すには、『かかる非常の節にも、法は法、例は例と、仰せらるる儀御座候へば、一も二も之れなく、私国禁を犯すこと明かなり』と申す。寅は吏に対する毎に云はく、『寅ら両人自分のからだなり、成れば功、敗れば罪、身を将《も》って法を試み、復《ま》た全《まった》きを求めず候。修理（佐久間象山の通称）は人のからだなり、故に何卒成敗ともに全かれと、千万苦心仕り候儀に御座候。何卒遇ふ所に因りて情合（互いの人情の具合）の異なる處、御深察を祈り奉吏候』と申し候。俗吏時務に暗し云々の詩、是が為めなり。然れども象山案定まるの日、詩を作りて云く。『案成り千歳遺憾無く、君家与《と》我名を忝《はずかし》め不《ず》』と。其の志も亦見るべし、それを未練と申すは僻事（偏見）なり、象山、吏に対するの間、奉行を諭し、幕府の陋禁（陋習の禁）を弛《ゆる》べさせんとの志あり、其の言、慷慨過激なること多し。それ故幕吏等も悪《にく》み、未練の様申したるに之れあるべく候。象山遂に亦自ら以て罪となさず、其の語に曰く、『若し罪なくして下獄するを以て辱《はじ》と為さば、不義にして富み且つ貴きも亦栄《ほまれ》とする所に在るか』と」

松陰が、趙の故事にならい「事が成就すれば国のため、事ならざれば斬首をも覚悟」と潔く公言している一方、象山が万次郎の例を引いて旧慣のあらためられるべきことを説いている。ただ、幕吏としては当然のことながら「法は法」として象山の潔さのなさを責めている様子がうかがえよう。しかし、実際には理を説いてなお寛容さのえられぬ様子に苛立ちをかくせぬ様子の象山が悲憤慷慨、声を挙げて幕吏に対している様子に、幕吏などとは違う次元の思考の持ち主だったことが分かる。象山が無念の思いでいた様子はもちろんだが、佐久間象山修理とて一介の武士、「法は法、と仰せらるる儀に御座へば、一も二もなく、私国禁を犯すこと明らかなり」としている師象山の気概を松陰は忘れない。最後まで象山が己れの罪を認めぬまま獄に繋がれて行った様子を松陰は師の「若し罪なくして……」との語を以て語っている。

## 松陰、はじめて象山の謦咳に接す

志士、松陰が初めて大先輩佐久間象山の謦咳に接するのは、嘉永四年、松陰二十二歳、黒船来航二年前のことだった。

故郷長州長門国の藩主毛利敬親一行に伴われて江戸に出た松陰には、それまで九州は小倉、大村、長崎、平戸、天草、島原、熊本、柳川、久留米の各地で、多くの「文武知名の士」との交流から得た海外事情の知識にさらなる新たな視野を開く「開眼」への転機ともなる出会いだった。

松陰より二十一歳年長の象山は、すでに何年も前から例えば「海防八策」のような提言文書で知られ、兵学、砲術の専門家として名声を馳せていた。ペリー来航以前、象山はまた幕府の老中首座の立場にある阿部正弘に「急務十条」として知られる緊急事態への対応策を提言してもいる。西洋の海軍力の如何なるものなのかに通じている象山は欧米海軍力の原動力である軍艦の建造が急務だとの提言をなし、当時能吏として知られていた老中阿部配下の川路聖謨《かわじとしあきら》らが前向きに受け止めていたものの、その提言は闇に葬られてしまっていた。象山より十歳年上の川路は当時海防掛としての重責を担っていた。

また、象山より三歳年上の、熊本藩士横井小楠といった西洋事情に明るい洋学者、開明的思想の持ち主が、日本国の国防をめぐって国の行方を模索していた。自国の海防、国防の強化を強調するかたわら、やがてそれらの先駆的な思想家が、国防の意味を「夷国の文物に学び、夷国の力を摂取しつつ自国の国防に生かし、よって夷国を制する」との革命的な思想が芽生え始めていた。俗にいわれる「夷の力を以て夷を制する」といった陳腐な表現が、新たな思考、方向の一面を伝えながらも、日本国古来の精神性に裏打ちされた新たな国防思考の芽生えだったことを看過すべきでない。時として対照的な思想家として扱われることのある象山や横井小楠らの開明思想にはそのような共通点、互いに補い合う面が存した。そのような新たな思想の転換期に松陰は思想上の大先輩象山の謦咳に接したのだった。大砲、臼砲《きゅうほう》、等に関する実戦戦略上の知識を有する象山に啓発された松陰ではあったが、それ以上に、象山から、「かの万次郎の例があるではないか」と、改めて今一つの隘路《あいろ》の存することを教えられるのは、二年後、まさに黒船来航の年、松陰二十四歳、嘉永六年のことだった。

物の本に、「開国論と公武合体論を主張して奔走した象山」とありながら、何ゆえにそのような人物が国賊と呼ばれ、「尊王攘夷の志士」の凶刃に倒れなければならなかったのか、この分野の知識に乏しい私にはよく分からなかった。ただ漠然と、何か他に深い理由があったのではなかろうか、と考えていた自分に、その象山刺殺の真因がいかにも複雑極まりないものであったことを教えてくれる記述が、森川哲郎著『幕末暗殺史』などに見られることに気づいた。

先に松陰の斬首役山田浅右衛門について触れた私は、同書の「河上彦斎の生涯と死」と題する一章に「〃人斬り彦斎〃として、後世の小説家が興味本位に彼を刺客たちの仲間に入れてしまったが」とか「河上は佐久間象山を斬った男だ」とあるのをみて驚いた。その『幕末暗殺史』そのものが、やや物語風に記述されてはいるものの、「斬奸《ざんかん》悪漢を斬るの趣意」の項に次のような文章がみられるのは注意すべきである。

「(河上)彦斎の兇行の目的は何であったか? それは、いろいろに誤解されて伝えられているが、正確に知るためには、その斬奸状《ざんかんじょう》の趣旨を見なければならない。

『信濃松代　佐久間象山　此者元来西洋学を唱へ、交易開港之説を主張し枢機の方々へ立入り、御国是を誤り候大罪難捨置候処剰《あまつさ》へ奸賊会津、彦根の二藩に兵力し、中川宮と事を謀り、恐れ多くも九重御動坐彦根へ奉移御儀を企て、昨今頻りに其機会を窺い奉り候大逆無道不可容天地国賊に付、即今三条於木屋町加天誅□

但可梟首《きょうしゅ》(晒し首)之処白昼不能

其儀もの也
元治元年七月十一日
皇国忠義士』」

引き続き、著者森川は、次のようにも述べている。

「象山が開国論者で、彦斎が頑迷な攘夷論者だったから斬ったという説は、これ一つ見ても否定される。暗殺の根拠はそのような単純なものではなかった。開港論も捨て置き難い大罪だと思っていた所に、象山が幕府の密旨を受けて京に上り、山階、中川両宮、二条、嵯峨などの公卿の所に出入、公武合体説を説いて、遷都を企て、朝廷の倒幕計画を阻止し、ついには破壊した。彼は先覚者には違いないが、このままおいておいては、倒幕勢力には許し難い行為を重ねるであろうという趣旨なのだ」

以上のような先人の論議で、象山刺殺の真因に近い知識を得た私はまた、森川の次のようなコメントにも目を引かれた。

「彦斎が、単純な攘夷論者でなかったことは、吉田松陰と同じように、外国の事情を知ろうとして、同志二、三と密航を企画したことがあるというだけでも分かる」

ここでいう同志二、三とは、森本が「この暗殺行は、彦斎一人の意志ではなく、長州の久坂義介と謀っているという。また彦斎と行を共にしたのは、隠岐の南次郎と因州の前田伊左衛門であったともいうし、壱岐の松浦虎太郎という説もある」としている、そのような仲間なのであろうか。

## 新時代の象山論者

新時代の意欲的な象山論者の一人、松本健一は『評伝　佐久間象山』(上下二巻、中央公論新社)の冒頭を次のような絶妙な手法で書き始める。

「幕末に、〝人斬り彦斎〟の異名をとるテロリストがいた。彼は、その人斬りの巧みさ、素早さにおいて、薩摩の田中新兵衛、土佐の岡田以蔵とならび称された。肥後熊本の藩士、河上彦斎のことである」

象山が天皇をひとまず彦根城に匿《かく》まい、次いで江戸へ移す、いわば「遷都の妙策」をもって天皇の威を借り、幕府の存続、強化を図るとの考えでいたことが、象山の弟子のみならず、孫弟子にあたる志士たちをも巻き込んでの暗殺計画だった、という松本の論議、いや仮説、憶説、その是非については、その著書についてみられたい。

## 刺客横行の時代―今一つの国民裏面史

先に松陰の斬首役山田浅右衛門について触れた私は、松本の著書『評伝　佐久間象山』下巻に、「象山を斬った一人が河上彦斎であることは、まちがいない」とあるのに、幕末史を流れるある種のメンタリティーを思わずにはいられなかった。松本は、幕末・明治ものの伝記作家の記録などを参照しながら、次のように続ける。

「本人がその告白を残してもいる。しかし、その暗殺は、誰かの指令があったというより、主君（毛利敬親）が前年に『朝敵』として京都を逐われた冤罪をはらすという名目のもとに、武装上京してきた長州系尊攘派志士の前で、誰かが象山はいけない、などといったことが原因なのではないか。おそらく桂小五郎をはじめ、久坂玄瑞、真木和泉、入江九一、品川などが、河上彦斎たちを前にして、一橋慶喜の〝懐ろ刀〟の佐久間象山は中川宮や山階宮をとうして朝廷に開国説を吹き込んでいるばかりか、長州藩との戦争（＝禁門の変）が起きた場合は玉（天皇）を彦根に移し、ついには江戸に遷都してしまうことまでを主張している。これは困る、といったのにちがいない。河上らが『スグト切ってしまおう』と考えたのではなかろうか」と。

思えば、「スグト切（斬）ってしまおう」、そのメンタリティーは、我が国の戦国期、いや、もしかしたら、それ以前の平安朝末期から維新後、一九四五年の日本国滅亡（ひとは、その衝撃的な史実を「敗戦」という）に至る、何と二千年余にわたる「国民史」の底辺を流れる思想、精神史、和魂（といえば、またしても、日本語特異の粉飾のオブラートで覆われ、筆者の真意、論点が希薄になってしまう！）、というか、国民精神の底辺を綿々と流れる清流ならぬ濁流、というに近い。その流れ、裏面史を定義する適切な用語はないであろうか。一概に「殺傷文化」とすることもできまい。なぜならば、「殺傷」と「文化」の両語に、かすかに相反する意味上の要素、価値観の異なる要素を感じないわけにはいかないからである。とりあえず、「殺傷」に、特にそのような価値観の伴わない外来語の「メンタリティー」とを合わせ、「殺傷のメンタリティー」とでも呼んでおこう。

話の飛躍を覚悟でいえば、蘇我氏の専横を恨み、中臣鎌足と謀り、大化の改新を画策する、中大兄皇子、後の天智天皇らによる蘇我入鹿殺傷のドラマ、安政期の大獄、維新直前の坂本龍馬、中岡慎太郎らの悲運、維新後の大久保利道らが凶刃に倒れる背景……。いやそれよりも今、一瞬私の脳裏をかすめたのは、かの浅沼稲次郎刺殺の衝撃的な映像！　はっと気づけば、何と「日本国滅亡」後の恐怖劇の一幕だった。

そのような、決して看過すべきでない国民史、裏面史を扱う著書、博士論文様なものが当然あって然るべきではないか。森本哲郎『幕末暗殺史』は、博士論文などといった大仰なものではないが、当面私の私的な、いや奇妙な興味に答えてくれる新書本ではある。

巻末の「幕末暗殺史年表」の扱う年代は、黒船再度渡来の一八五四年より慶応三年（一八六七年、その次が明治元年）までのわずかに十四年、その年表を埋める「暗殺」「斬殺」「焼討」「襲殺」「謀殺」「天誅」「梟首」（さらし首）など、各種多様な用語にまず驚かされる。筆者森本がそれ以上の同義語を見出すのにやっきとなっている様子が窺える。それだけではない。言葉は悪いが、もっとも殺傷華やかなりし年、文久二年（一八六二年）から元治元年（一八六四年）までのわずか三年間の様子を瞥見するだけで、私は「眩惑」というか、何とも不可思議な感覚を覚えずにはいられなかった。もっとも多い文久三年（一八六三年）のわずか十二ヶ月間に、実に四十二件に及ぶ殺傷事件が記録されている。

年表に見るたかだか十四年間の殺傷事件についての分析だけでも立派な修士論文ができあがることだろう、というのが私の偽らざる気持ちだった。

年表をみて私が一瞬抱いたその時の複雑怪奇な感慨は、しかし、初めて「裏面史」の真相に触れ、瞠目したからというのでは決してない。これまで漠然と抱いていた「国民史」の底辺を流れる濁流、そのいささか非健康的な思いが必ずしも間違ってはいなかったとの意を強くしたからだった。そのような思い、感慨は決して心地よいものではない。

幕末の多難な時代を生き抜いた志士吉田松陰、松下村塾で松陰の謦咳に触れつつ育って行った多くの志士、そして松陰が師と仰ぐ佐久間象山翁でさえ、そのようなメンタリティーのなかで育まれ、またその犠牲となって消えていった。幕末史に、そのことを裏付ける事件、出来事を見つけるのは、それほど難しいことではない。それはまた、決して幸せな作業でもなかろう。現代に生を享ける私どもに迫る幕末史の相貌、相克、そして幕末志士の血涙とは、いったい何だったのだろう。そのような問いに答えることなしに、安易に幕末史を語ることは出来まい。

## 「垣船」「虎落」―幕府の海防策

ここで、ペリー来航以前の幕府の国防、特に海防策の片鱗について概観しておこう。「垣船《かきぶね》」とか「虎落《もがり》」といった用語が耳新しく聞こえる読者は多いに違いない。しかし、これらの用語ほど、近世日本国の海防の実情、その一面を象徴的に示すものもない。

異国船が鎖国日本の近海に迫り、特に陸地に近い入り江などに近づくと、湾岸警備の奉行所からは、たちまちにして幾十艘もの小舟、和船に対する出航命令、いや、出陣命令が出される。目指すは何の前触れもなく日本近海に侵入してきたその異国船。たちまちにして取り囲み拿捕《だほ》の意思表示をする。そのような異国船制御、制圧の態勢を「垣船」という。その「垣船」群を率いる奉行の指揮官、そしてその配下の者の幾人かが、その異国船に乗り込んで、来航の目的、積み荷の内容、特に武器の所持などについての尋問がなされる。異国船の搭乗員に更なる尋問の要ありと目される場合には、嫌疑をかけられた者が幾艘かの垣船の警護のもとに陸上に連行され、一時的に拿捕の形となる。これが夷人の隔離策「虎落」である。広辞苑には「虎落（中国語で虎を防ぐ柵）は当て字」とある。

上白石実著『幕末の海防戦略』（吉川弘文館）には、弘化二年（一八四五年）、浦賀にやってきた米船マンハッタン号を取り囲む興味深い「垣船の図」がみられる。ペリー来航八年前のことである。マンハッタン号を三重に包囲する垣船の数は優に百艘を越えるもののようにみえる。この分野の研究に欠かせない『通航一覧』海防部や『通航一覧続輯』をひも解きながら、近世初期より後期にかけての海防戦略を解き明かす本書は小著ながら興味深い情報の数々を提供してくれる。

ペリー以前、浦賀の港にやってきたそのマンハッタン号、日本近海で捕鯨の操業に携わるうちに、鳥島（何と、かのジョン万次郎らの漂流者の辿りついた、と同じ島！）の近くで漂流中の日本人漁師十一人を救助していた。翌日、銚子浦の漁船千寿丸の漁師の一群、同じく十一人の漂流者を助け出している。そして、マンハッタン号の乗組員とほぼ同じ数の総勢二十二人の漂流民を浦賀へ送還し、無事幕府の受け入れる所となった。垣船という物々しい警戒態勢に遭遇しながらも、大勢の日本人漂流者の送還にやってきた、とのクーパー船長の申し入れを幕府が理解した結果だった。

この幕府による異例の処置の背景には、文政期の異国船打払令が改められ「天保の薪水令」という対異国人処置になったことがあった。通詞森山栄之助らの仲介もあって、うまくことが運んだことを喜ぶクーパー船長に対し幕府は、今回の漂流民の事例は、ともかく、「近海ニ滞船等不致、早々帰国可致」との警告書を手渡すことを忘れなかった。無事祖国の地を踏むとの幸運に恵まれた漂流者の表情をクーパー船長はいつまでも忘れなかった。開国以前の日米交渉史上の僅かながらの照光を留める本件についての記録、歴史史料は、かつて私自身ジョン万次郎の足跡を追って訪れたことのある、米国東海岸マサチューセッツ州在ニューベッドフォード捕鯨博物館に大事に保管されている。それらの史料の中には、漂流民が残して行った日本国の地図があり、館内の壁に誇らしげに展示されている。

やがて、その八年後、米政府より日本国遠征の使命を得て浦賀を訪れることになるペリー提督は、もちろんマンハッタン号の一件について知っていて、日本への渡航以前、幾度かその一件の調査で同博物館に足を運んでさえいる。しかし、ペリーが対幕府態勢、己れの使命遂行にあたって、一旦緩急あれば武力行使をも辞さない、との強硬な態度、厳しい態度で望まねばならぬとの教訓を学ぶのはマンハッタン号の一件からではなく、マンハッタン号のわずか一年後、浦賀に現われる一米艦司令官の味わう屈辱的な経験を知っていたからだった。その米司令官ビドルについては、後段にて扱うとしよう。

## モリソン号撃攘事件

先にも触れた通り、マンハッタン号の来航をさらに遡ること八年、天保八年（一八三七年）に三浦半島の先端、城ヶ沖に突如姿を現わすのが米船モリソン号。そしてそれに対する沿岸警備の砲台からあびせられる砲撃事件は、本稿の主題である吉田松陰との関連で特に注目に価する。モリソン号搭乗の一人が、後年ペリー艦隊の首席通訳官として浦賀に来航、黒船上で松陰との秘密裡の会見を果たすこととなるサムエル・ウェルズ・ウィリアムズその人だったからである。

そのモリソン号上には、七名の日本人が乗っていた。志摩国（三重県）出身の岩吉、久吉、音吉の三人は、海難後の漂流で、何と遠く北米カナダの沿岸に漂着し、後の四人、庄蔵、寿三郎、熊太郎、力松は肥後国（熊本県）天草を出て後、これまた漂流で運命を天にまかせるまま遠くフィリピンのルソン島北岸に漂着した漂流民だった。

カナダ沿岸の英領コロンビア河畔に漂着した岩吉、久吉、音吉の三人は、カナダ在ハドソン湾会社の手厚い保護の下にロンドン、喜望峰経由で結局中国沿岸アモイに送られた。後の四人もスペイン船でマニラからアモイへ送られ、その七人の漂流民はアモイ在米国海外宣教団の手厚い保護に帰していた。それほど教養に富んだ様子でもない漂流民の顔ぶれだったとはいえ、米国宣教団の一人ウィリアムズは、その漂流者の幾人かから日本語の手ほどきに与ったりしていた。ペリー提督から米国日本遠征艦隊の通訳官として日本国への同伴を要請される頃のウィリアムズの日本語の知識は、その漂流者らから得た程度のものでしかなかった。しかし、中国語の読み書きに堪能なウィリアムズは漢字漢文による筆談、江戸の役人連、知識階級との意思疎通には事欠かない技量の持ち主だった。

七人の日本人を彼らの故郷に送り届けることを口実に、何とか江戸幕府との間に交渉の糸口が見つからないものか、そしてそのような機会に恵まれた暁には、おそらくキリスト教布教への道が開けるのでは、との希望を秘めながら、モリソン号は静かに浦賀の湾口へと船足を早めていた。その後の詳細については、後段のウィリアムズ小伝の項でみるが、モリソン号の日本渡航は失敗に終わる。危うく異国船打払令の犠牲になりかねない苦境を脱したモリソン号は、その初期の目的を果たすことなく、漂流民を乗せたまま、再度中国沿岸へと退却している。

## 音吉出現！　数奇の人生模様

江戸通いの船、宝順丸搭乗の十四人、折からの悪天候で難船、漂流という非常時の出来事で運を天に任せつつ、洋上に漂うこと十二、三ヶ月、そのうち同志十一人が絶命、かろうじて生き残ったのが、音吉、岩吉、久吉の三人だった。

そして、マンハッタン号の来航より五年を経る嘉永二年（一八四九年）春、またもや城ヶ島沖を行く異国船があった。英国船籍のマリナー号だった。夷船来航の報に湾岸警備兵で警戒態勢を固めた浦賀奉行は早速番船数艘の監視船を派遣したものの、垣船態勢にまでは至らなかった。

例によって尋問にやって来た奉行の役人たちの前に異様な出で立ちの男が現われ、十二前に浦賀に寄港せんとして果たせなかった異国船はどの辺りに停泊していたのか、何ゆえに打ち払ったのか、などといかにも流暢な日本語で問いかけてきた。これがモリソン号上の日本人漂流者の一人、音吉だったのである。音吉が同志二人と北米カナダの西部沿岸にたどり着いてから、十五年の年月が経っていた。ほぼ異国の軍人風の装いに身をかため、今では名も中国風に改め、リン・アトウ「林阿多」と名乗っていた。

モリソン号での故郷帰還が無に帰したことを無念に思ったのであろうか、今回もしきりに奉行所の与力に上陸の可能性を質していた。異国船御法度の国柄の情況をどのような感慨を以て受け止めていたのだろうか。またしても、自国の土を目前にしながら、果たせずに英船マリナー号上の人となって退却して行った。

音吉に三度目の正直とでもいえばいいのだろうか、かのペリーの黒船が二度目の入港を果たす安政元年（一八五四年）には、英国艦隊を率いる司令官スターリングの通訳官として長崎に来航している。今度は、れっきとしたイギリス風の名、ジョン・マシュー・オトソンと名乗っていた。運命の女神は、しかし、あくまでも音吉は異国にあって存分に活躍すべしとでも命じているかのようだった。その長崎来航の八年後には、シンガポールの地に居を移した音吉は、その地で幕府派遣の遣欧使節団との交流を果たしたと伝えられる。

故郷日本の地を漂流者として異国に渡りながら、そのような人物の価値を十二分に認識し、縦横に活用している欧米側のメンタリティー、そして、開国時のもっとも危機的な日米交渉の場に、アメリカ帰りのジョン万次郎を活用できなかったばかりか、むしろその人物の存在に嫌疑の目を向けるだけで、そのような外交の場にさえ、その掛け替えのない人物、ジョン万次郎を活用しきれずにいた、幕府の後進性を思わずにはいられない。

## ビドル米司令官の屈辱

米国籍の捕鯨船マンハッタン号来航の翌年、弘化三年（一八四六年）、ビドル提督率いる大小二隻からなる米国艦隊が浦賀沖に静かに錨を降ろした。この年は、南の琉球、そして長崎に仏国船の来航ありで、幕府の中枢にはそれらの招かざる紅毛人の対応に、これまで以上に奔走させられることとなっていた。早速乗り込んできた通詞堀達之助らの情報で、軍艦であることを知った浦賀奉行は、浦賀より遠く離れた野比村沖まで退去するようにと命じた。同時に例によって二百隻を越える番船が出動し「垣船」の態勢に移った。垣船の外巻ラインと、内巻ラインをそれぞれ忍藩と川越藩の番船が大きく円陣を作って包囲し、陸上ではまた多くの軍勢が、事の成り行きを見守っていた。

退去命令の書信の相手側への手交を命じられていたのが奉行所の与力と通詞の堀達之助だった。そして、その書面の引き渡しが浦賀奉行所の番船内で執り行われることに決まった。事件が起こったのはその直後だった。

交渉の場に臨もうと己れの艦隊所属のボートに乗り込んだビドル提督、近くに停泊中の大型の川越藩所属の番船を浦賀番船と見誤ったビドルは、そのまま、その川越藩の番船へボートを近づけ乗り移らんとの行動に移った。驚いたのは、川越藩船上の藩士たちだった。とっさにビドルの手を払い、その結果ビドルは仰向けに転倒する失態を演じてしまった。その場を取り巻く川越藩士たちは、一斉に刀に手を掛け、抜刀の構えをみせるや、ビッド警護の米人士官らもすぐさまピストルを向けて発砲の構えをみせた。まさに一触即発の危機だった。

日本の一兵卒によって無礼にも体を叩かれたとのニュースは、たちまちにして南の琉球国にまで伝わった。しばらく後に琉球島を訪れた米司令官グリンは、そのころ琉球那覇滞在中の英人宣教医ベッテルハイムから、「巨大な」船を率いて江戸湾を訪れた一米海軍士官が幕府の役人から「体罰」を受けたとのニュースに接した。グリンは、米国政府への報告書の中で、その事件について触れている。

ワシントン当局で、ビドル提督が日本で受けた恥辱の経験をいかに重く見ていたか、については、ジョージ・カー『沖縄―島人の歴史』（勉誠出版、二〇一四年）などをみていただきたい。米国を代表する米海軍の司令官が江戸湾で経験した屈辱的な事件の詳細について、ペリー提督は、グリン司令官の報告書を通じて事前に学んでいた。

日本開国という一大使命を帯びて江戸湾に迫る黒船艦隊内のペリーが、時として「砲艦外交」と語られる江戸幕府中枢との交渉に、幕府の最高位の人物以外の者との折衝には絶対に応じないとの決意をするに至る直接的な原因をわれわれは、そのあたりに見ることが出来る。

第２章

❖

# 英国の文豪スティーブンソンの松陰発見

## 1．古都エジンバラに集う四人の紳士

スコットランドの古都エジンバラを見守るように丘陵高くそそり立つエジンバラ城。その古城より一望のもとにできる町のほぼ中央部に位置するのが、これまた創立以来数世紀にも及ぶ伝統を有するエジンバラ大学である。

一八七八年の夏の夕刻、エジンバラ大学屈指の電気工学教授ジェンキン宅に四人の紳士が集った。教授の弟子格のジェイムス・アルフレッド・ユーイン、それに、エジンバラ大学を母校とする当時の新進作家ロバート・ルイス・スティーブンソン──後年「宝島」、「奇譚ドクター・ジキルとハイド氏」、「新アラビアンナイト」初め多くの作品で名声を博し、「文豪」と呼ばれるに至る、かのスティーブンソンである。その三人のスコットランド出身の男たちの中で、特にジェンキン教授が賓客として招いたのが、今一人、正木退蔵と称する壮年期の日本人紳士だった。世界で初めての（と目される）吉田松陰の人物像がイギリス文壇に紹介される契機となったのが、実にその古都エジンバラにおける四人の会見だった。

ロバート・ルイス・スティーブンソン

## 正木退蔵とスティーブンソン

その記念すべき集まりに先立ち、正木はジェンキン教授に会見を申し込んでいた。正木の用件の趣意、そしてその重要性を知った教授はすぐさまその申し出に応じた。その会見の場でどのようなことが話し合われたのかに及ぶ前にまず正木退蔵なる人物について触れておこう。

その正木が、長州長門は萩の生まれだと記せば、おおかたの読者には、すぐさま松陰率いる松下村塾との関連に思い至ることだろう。まさにその通りなのだが、その正木が弱冠十三歳の時に、今や知る人ぞ知る、幕末の志士吉田松陰の謦咳《けいがい》に接していることを耳にしたことのある読者はそれほど多くないに違いない。藩校明倫館で優秀な成績を修めた正木は、その後、大村益次郎の三兵学塾で蘭学や西洋の兵学を学び、海軍兵学校ではまた英学の習得に励んでいる。

## ロンドンの正木

正木がロンドンに姿を現すのは、一八七一年（明治四年）、ロンドン大学ユニバーシティカレジで化学の研究に励まんとの意欲に溢れる新時代の志士の姿だった。時に正木、二十五歳。学業を終えて帰国後は、工務省を経た後、文部省で官僚としての道を歩み始めた五年後の一八七六年には再度渡英の機会が訪れた。年々増え始める邦人海外留学生の監督と、今ひとつ、日本政府より化学、物理学を日本の若い学生たちに教えることのできる、英人のお雇い教師を探すべしとの重要な使命を帯びていた。

以下は、私の推測に過ぎないが、その頃の文部大臣、森有礼、そしてその進言を受け入れて来日し、後年、英人日本学者として大成する、かのバジル・ホール・チェンバレンらの初期日本体験などの動きなども関わっていたのではなかろうか。その辺りの詳細については拙著『英人日本学者　チェンバレンの研究』（二〇一〇年）などを参照されたい。

ともかく、そのような己れの使命について正木が初めて相談を持ちかけたのが、すなわちエジンバラ大学の中堅教授ジェンキンだった。そして教授が推薦したのが、そのころ学界でその才を認められつつあった若き工学者、物理学者ユーインだった。すぐさま正木と大先輩ジェンキン教授の申し出を受託したユーインは、その会見の行われた年には、東京大学での要職に就くべく、日本へと旅発っている。赴任先、東京大学で、ユーインは科学分野、なかでも機械工学、磁気学等多方面に渡る指導に携わり、草創期の日本物理学の発展に大きく寄与している。日本での貢献が認められたのであろう、後年、彼は母校エジンバラ大学で教頭、そして爵位を得てからは副学長という名誉ある地位にまで登りつめている。

## 正木、維新前の松陰像を伝える

弟子格のユーインを薦めたジェンキン教授との初めての会見の場で、正木は維新前の自分の生い立ち、特に恩師松陰のたどった苦難の道について語ったに違いない。学識溢れるジェンキン教授は、しばらく正木の話に耳を傾けていた。そして、そのような人物の存在があってこそ今日の新興国日本があるのだという正木の話に深く共鳴の意を表するのだった。そのジェンキン教授の心中にすぐさま浮んだのが、ほかでもない、『新アラビアンナイト』を発表して新進作家としての道を歩み始めている若輩の文学青年スティーブンソンのことだった。その頃、スティーブンソンは頻繁にジェンキン教授宅に出入りし、社交界で広く名の聞こえていたジェンキン夫人にも気に入られ、教授の秘書役としてパリに同行したりしている。

賓客正木退蔵の存在を伝え、正木の話を一度聞いてみろ、とのジェンキン教授の申し出をスティーブンソンは喜んで承諾した。こうして実現したのが、夏のひと時を過ごす四人の紳士らの集う会見の場であった。教授はその後、幾度かにわたって特に正木とスティーブンソンの両人がゆっくりと話し合いのできる場を設けてやるとの心遣いを忘れなかった。正木退蔵の語る吉田寅次郎の話に、しばしば共鳴の意を表するようにうなずきながらスティーブンソンは熱心にメモを取り始めた。時に若き未来の文豪、二十八歳。

こうして、その二年後、一八八〇年三月に当時のイギリス文人の登竜門ともなっていた『コーンヒル』誌に発表されたのが、タイトルもそのものずばり、YOSHIDA-TORAJIRO 一篇である。今、我々の典拠とする英文原典は、その『コーンヒル』誌はじめ、『マクミラン雑誌』、『新季刊雑誌』などに発表された「吉田寅次郎」はじめ、全九篇を収める *Familiar Studies of Men & Books, 1882* である。それでは、以下にその記念すべき世界初の松陰論を掲げよう（訳文および文中の小見出しは山口による）。

## 2. YOSHIDA-TORAJIRO

以下、本文とは書体の異なる文章が続くが、これはスティーブンソンによる、おそらく初めての松陰論であり、松陰研究において特異な位置を占めるものである。

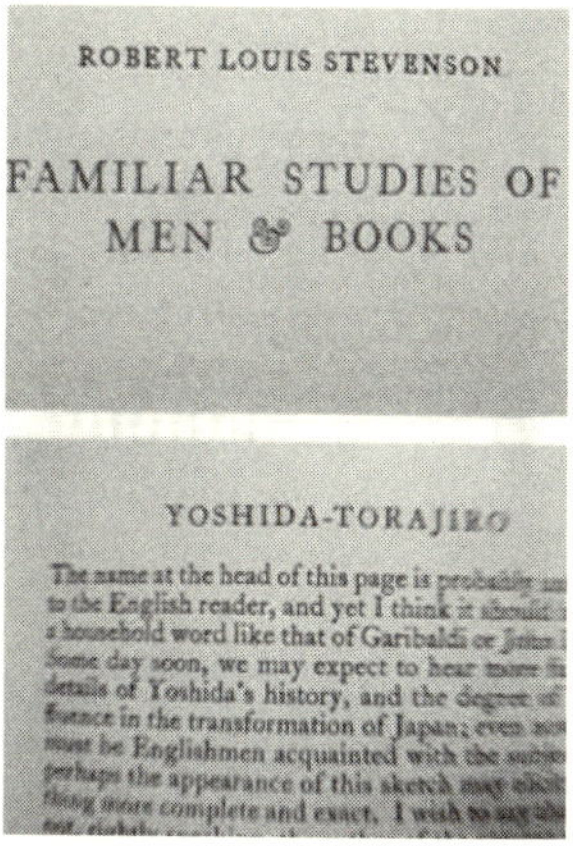
ROBERT LOUIS STEVENSON

FAMILIAR STUDIES OF
MEN & BOOKS

YOSHIDA-TORAJIRO

The name at the head of this page is
to the English reader, and yet I think it
a household word like that of Garibaldi or
Some day soon, we may expect to hear
details of Yoshida's history, and the degree of
fluence in the transformation of Japan; even
must be Englishmen acquainted with the
perhaps the appearance of this sketch
thing more complete and exact.

ロンドンで出版された
スティーブンソンの著書

### 素　描

この頁の冒頭に掲げた名前は、おそらく英国の読者諸氏には耳新しいことだろう。しかし、その名は遠からず、かの革命児ガリバルディやジョン・ブラウン同様、広く知られるようになるに違いない。古き日本国が生まれ変わり、新たな存在となった陰にどれほど吉田の及ぼした影響、感化の跡があったかについても、我々はまた、間もなくその詳細について知ることとなろう。もっとも本件については、その筋の英国人にはすでに耳にしている者があるかもしれない。何れにしても、以下に見るような、吉田についてのいささか簡略に過ぎる素描とはいえ、それをもとに、より正確ではっきりとした人物像、その伝記の生まれる契機ともなればと思いペンを執った次第である。

ちょっとここでお断りしておきたいことなのだが、正確にいえば、この素描の筆者は私（スティーブンソン）ではなく、そのことに通じている日本の一知識人の語ってくれたことを私がまとめ上げたに過ぎない。その知識人、日本人の紳士の名は正木退蔵。彼は以下の物語を感涙溢れんばかりの熱情をもって私に語ってくれた。正木氏の語る話に注意深く耳を傾け、メモを執りながらこの草稿を仕上げ、その上で正木氏にコメントなり訂正なりしていただいたとはいえ、今の段階では、依然として未完の草稿、素描以上のものではない。

### 旅に生きた日々

吉田寅次郎は代々、長州の兵法を受け継ぐ師範の令息。漢学を良くし、古典はもとより、父君の専門とする要塞構築にはことのほか深い関心があった。彼は生気に満ち、愛国心豊かな家庭で育まれた。吉田の関心事は、何よりも日本国のあるべき姿だった。自国の将来に望みをかけつつ、日本の現状についての知識の吸収に余念がなかった。そのような大志を抱きつつ、幼少の頃から、彼は旅に出、時には僅か三日分の食料を抱えたまま、徒歩で各地をめぐり続けた。それはまた、自己鍛錬の意気に溢れる世の英雄として知られる者にありがちな行動ともいえた。旅にある間、吉田はその日、その日の出来事を丹念に日誌の形にしていた。ただ、我々が恐れるのは、それらの記録、メモの類いが散逸し、あるいは消滅してしまっているのではないかと、いうことである。松陰の資質、人格からしてそれらの記録がいかに価値あるものであったかは、容易に想像し得ることである。もしそれらの散逸が事実であれば、それは惜しみても余りあることに違いない。

それにしても吉田がどれほどまで、命を賭してそのような探検、探索の道に専心、没入して行ったか、そのことに日本人の同胞は驚嘆することだろう。かつての古き世に生きた思慮ある人物の次のような生き様がよくそれを証している。吉田は、旅の往く先々で己れに情けをかけ、もてなしてくれる者には、感謝の意を記した和歌をもって返礼に代えることを忘れなかった。正木の友人で、吉田同様、旅に生きた人物がいるが、彼は吉田の辿った辺境のここかしこで、そのような形跡に遭遇している。

## 変転する思想、自意識

政治家の世界が特殊な技量を必要とすることなどではない、と考えられていた時代に吉田は、全く別な考えに生きていた。自国日本の同胞の苦しみに意を用い、その事を改善せんといきり立つ以上に、彼は政治思想上の理論を書物にせんものと研鑽に励んでいた。物事に没入し、一徹者として知られる人物にとり、そのような取り組みは、限りなく悲壮なものであったろう。憤懣やるかたない彼の生き様は、改革にどれほどの決意をもって、身を賭したかに歴然と示されている。他の者がひるむ至難の壁には、却って勇猛な意気込みをもって駆り立てられ、己れの使命に突進する励みの源泉となった。

兵器に関する吉田の理論には、まず国防、防備論がその背景をなしていた。どうみても脆弱極まりない自国の現状を一層顕著なものとしているのが、ほかでもない威嚇の勢いで迫り来る紅毛の蛮人どもの行動であり、恐るべき黒船の到来だった。己れの母国日本は、いかにも救い難い存在だった。という次第で、燃えるような吉田の愛国心は、己れの思考とは、全く形の違ったものとなり始めていた。これは思いもよらぬことだった。圧倒的な威力を有する異国人を排斥するとの行き方が、今や新たに、その宿敵の存在を己れの益する方向へと導く手だてとなり始めていたのだった。

己れの信ずる方向を貫徹せんとの信念、意気に溢れる一匹男は、やがて結局、何が最上の手だてであるかに気づくものである。ひとたび、新たな方向性の存在に開眼するや、事態は次から次へと変転きわまりないものとなっていった。自国に益するには何が最上であり、何を以てすべきかの道筋、その因果関係がまさしく逆の方向を辿り始めたのだった。これら異国の者たちの力とその事に目覚め、己れの新たな知識とすることとは、決して相反することではない。彼らの軍事力をうらやむことが、吉田には、いまやその国の有する文明をうらやむこととなり始めていた。先ず、何としてでも彼らと同等の力をつけたい、との望みが、その文明を分かち合いたいと望むような次元にまで変わっていった。

かくて、吉田の国防論には、新たな方向性、策が生まれ始めたのだった。それは、京都とそれを取り巻く組織、構造の守備だけではなく、より以上に異国の文明文化をもたらす異国の先人、教師等の存在する共同体、学術の気風に溢れる世界の構築ということだった。吉田は、おそらく異国の悪ではなく、善をこそ取り入れたいと希求したであろう。異国の者たちの知識に学びながらも、その知識が、己れの国、日本国の掛け替えのない審美感と徳義心とを傷つけるものであってはならない、と望んでいたことだろう。

彼の心中を占める夢がいかなるものであったにせよ、その夢の実現に向けた手段が至難の業であることは誰の目にも明らかだった。国情に通じる慧眼の持ち主には、まず国禁を打ち破り、未知の新境地に渡り、その地で異文化を究めることが必須な事は明らかだった。

そのような課題の遂行に最上の人物とは、誰のことだったろう。それには、いうまでもなく危険が伴う。しかし、吉田は何ものをも恐れなかった。ことの遂行には心の準備と洞察力が必要だった。幼少の頃より、吉田が培ってきたのは、日本の最良の文化の修得に志すことであったのであり、日々辺境の地への旅に過ごしたのはまた、何よりも己れの観察力、識見、洞察力の鍛錬にあったのではなかったろうか。

## 黒船来航の報

かのペリー提督率いる船団が江戸湾に迫り、その姿を横たえているとの情報が届いた時、吉田はいまだ弱冠二十一歳。しかし、打つべき手が彼の心中には、はっきりとした形で出来上がっていた。愛国心発揮の機会が到来したのだった。長州の士《さむらい》ら、なかでも大名を取り巻く老中の面々、特に吉田の素質、その見解を理解し、先見の明に富む者は率先して彼の意気込みに同調の意を表した。それだけではない。吉田の予言者として相手を魅了せずにはおかない人物像、説得力に富むその人柄には、心から同調する者、弟子たちが多かった。

吉田は長州藩内では、ただならぬ影響力を持つまでに至っていた。ということで、江戸で己れのなすべきことを果たすとの趣意で故郷長州より暇を得ることになった。そして江戸へと急いだ。しかし、すでに抜錨し、江戸湾を後にしたペリーの姿は、どこにもなかった。

ひとたびある計画に乗り出した吉田は、それで後ずさりするような人物ではなかった。何ものをも恐れずに、ひたすら己れのなすべきことへと突進して行くのだった。すぐさま故郷長州藩との繋がりを絶ち、任務を解かれた彼は、そのまま江戸に留まり、次の機会を待つことにした。

吉田が、自ら進んで目上の長州藩の大名の意に反するような行動に出た事情、その所以、いきさつについて筆者の私には納得のいく説明が出来ない。ただ、はっきりしていること、それは吉田が今や浪人の身分に落ち、身を誤った封建社会の落ちこぼれ、ならず者と化したこと、そして、故郷の地に足を踏み入れたが最後、直ちに取り押さえられるであろうことである。ただ、ここで注意すべきは、実際には、吉田が「長州の大名への忠誠心をまで裏切ったわけではない」ということであり、彼がただ、別地に身をおくことで、もはや大名がその家来の者に対する責を問われずにすむであろう、との微妙な点である。この辺り、日本国の封建制度の機微ともすべき点、私の理解の及ばぬところではある。

## 佐久間象山

江戸では、今や特にこれといった政治上の身分がなく、生活上の手段を失ったとはいえ、彼の意図する企て、その真意に触れ、同情の念を寄せる者たちが、こぞって手を差し伸べ始めた。

そのうちの一人が代々徳川将軍の側近として仕える立場にあった佐久間象山だった。吉田は象山より、金銭的な支援はもとより、それ以上の支援に与った。世上の動向に通じ、鋭い識見を有する象山は、他の者が果たし得ない善行に対してはともかく、実際にそのような善行を成し遂げ得る者には、心からなる賞賛の念をもって支援し、後世の人たちの誇りともなるようにと力を尽くすことのできる人物の一人だった。

そのような人たちの吉田に傾ける限りない心づくしには筆舌に尽くし難いものがあった。その存在は、聖典に伝えられる人物、夜ごと救世主の元を訪れる、かのニコデマスに比することができよう。そして佐久間と云えば、単に吉田に対面の機会を与えること以上に、より実質的な支援をなし得る立場にあった。というのも、オランダ語に通じる佐久間は、その知識を吉田に与えんものと懸命だったのである。

**露艦を追って**

こうして、その若き浪人が江戸にあって学術研鑽の日々を送る間にも、ロシアの艦船が長崎に停泊中との情報が伝えられた。急遽、吉田は行動に走った。これから徒歩で長崎へ向かわんとの吉田に師の佐久間は、弟子を送る激励の長詩をしたため、送別の意を表した。長崎への途上にある長州の地ではあったが、南への旅路が藩都からは、かけ離れたところにあり、うまく捕縛の手をかわすことができた。詩作の才に富む吉田は、それを最大限に発揮しつつ生活の糧とした。その有様は、あたかも、かの中世の吟唱詩人らの存在にも似ていた。己れの作品を懐中に秘めつつ、行く先々で自己紹介の手だてとした。

ある町にたどり着くや、彼はその辺りでの有名人の存在を尋ね、剣術、詩作その他、何らかの技能を有する者の門を叩いては、己れの才のいかなるものなのかを顕示することによって、その知名氏の歓待に浴した。そして、その場を辞するに当たっては、即座に詩を作り、それを献上し、謝意に代えた。こうして彼は、中世より十九世紀に及ぶ新発見の旅を続けたのだった。

長崎に着いた彼は、またしても遅れをとったことに気づく。そこには露艦の姿はなかった。しかし、そのような悲運に遭遇しながらも、その旅から彼は何らかのものを得ていた。長崎の地にある間、身分の低いオランダ語の通事らから、学べるだけの知識の片々を吸収していった。心機一転、依然として野心に燃える吉田は、踵《きびす》を返し、またしても、徒歩で江戸へと向かった。

次々と襲いかかる悲運にもかかわらず、彼を支えたのは、その若さだけではなく、これまた次々と生まれる富裕な弟子達の存在だった。かの探検発見者、冒険者のブルース、コロンバス同様の執着心は、また、それ以上に彼特有の柔軟な心の持ち様に支えられていた。世の人のいわゆる成功といったものよりも、彼は行動し続ける生き様にこそ、意味を、そして価値を見出していた。行く先々で、進路を阻まれると、彼はすぐさま、別なる隘路《あいろ》を見つけ出し、突き進んでいった。次から次へと異国船を見失い、初志の貫徹に支障を来したものの、未来の発展に寄与すべく、たったの一人でも感化せしめることができれば、それだけで吉田の心中には、十分日本国のために尽くしているとの意識があった。

## 新たな弟子

長崎から戻って息つく暇もなく、吉田を求めてやってきた一人の人物がいた。これは幸運の前兆以外の何ものでもなかった。染め物師として生まれた一兵卒だった。彼はどこからともなく伝わってくる吉田の行動を耳にし、その行動の示唆するものに深く心を動かされていた＊。

＊一説には、吉田が長崎へと向かう途上、その兵卒に出くわし、路傍で言葉を交わす機会があったという。吉田の言葉に感激した男は、吉田の帰りを待ち受けていた。そして、再び対面を果たした折に、師の掲げる、よりよい日本の為にとの高尚な目的達成に己れの命を捧げたいと誓ったという。そのあたりの事情を証する者のいない今は、とりあえず、正木氏の語った場に居合わせた私ら二人―F．J．（フレミン・ジェンキンのイニシャル―山口）と私―以外に正確な事情を証し得るもののないまま、上掲二つのいきさつを記しておきたい　R．L．S．（ロバート・ルイス・スティーブンスのイニシャル―山口）

これは佐久間象山の場合とはいかにも、その様相を異にし、また長州藩大名の取り巻き陣とも異なっていた。その男は、腰に二刀を差した武士などではなく、昔から資質の鍛錬や書物に親しむといったこととはまず関係のない、ごくありふれた田舎出の一兵卒だった。しかし、吉田は、その短い生涯にあって、いかなる場合にも人の心を射、光明を投げかける説得力、影響力がいまだかつて、その勢いを失ったことがなかった。そのことは、かつて高度の教養を備えた紳士たちをたちどころに魅了したように、今やまた、通常の兵士、いや足軽らを目覚めさせるまでに至っていた。

吉田の前に現れたその男もまた、たちどころに感化され、師と仰ぐ吉田の考えに同調し、燃えるような熱意をもってその教えにしたがった。その男は、それまでただただ、恩師の出現をまっていたかのようだった。その恩師の謦咳に触れるや、彼もまた異国へ渡って、日本国再生への力ともなりえる新奇な知識を吸収せんものとの意気に燃えていた。とりあえず、吉田はその男に漢学の基礎を教え込み、来るべき究極の場面への備えとした。そのエピソードは、師吉田の志を反映していることは、ともかく、それ以上にその男の姿勢、態度がほかの日本人一般の生き様を写し出しているといえる。

**黒船、再度下田へ**

ペリー提督が下田に舞い戻ってきた。知友の多くが吉田の元へ集い、色々と相談に乗ってくれたり、激励の手を差し伸べてくれたりした。その中の一人が豪華な刀を彼に献上した。長さ三フィートもあり、ずっしりとした一品だった。喜びに溢れる吉田は、その刀を異国の各地へと持ち歩き、その後、必ず日本へ持ち帰る、と宣言した。米国人士官へ届ける為の長文の書簡を漢文でしたため、その書簡は師、佐久間によって添削がなされた。それには吉田が瓜内万二《くわのうちまんじ》、部下の兵卒が市木公太《いちぎこうだ》と署名した。

吉田は懐中に大量の和紙を持ち歩いていた。その着物は、その和紙でふくれあがっていた。異国での見聞を記し、日本へ持ち帰った暁には、日本国の福利に役立てようと目論んでいた。こうして脱日本の準備を整えた二人は、またしても徒歩で江戸を後にした。下田に着いた頃、陽は西に沈んでしまっていた。史上、旅というものが、これらの勇気ある日本人のみせた畏怖と敬虔の念とをもって洋人の面前に迫ったことはかつてなかった。
彼ら日本人二人の企ては、かつて、かの極洋への踏査探検という破天荒の企てをもって知られる行動よりも、むしろ奈落の底へと転落していったユリシーズの運命に近い。彼らの企ては、まさしく前代未聞の出来事であった以上に、神罰に価するものだった。その企ては、単なる人道性を遥かに超越した悪魔の国への道程ともすべきものだった。その二人が、自ら招いた運命《さだめ》にスリルを感じていたかどうかを疑うべきではない。スリルは元より、むしろ強烈な畏怖の念に捕われていたとすべきであって、その二つが複雑に絡み合った感慨を抱いていたこと、それは、かの兵卒が漢詩を口ずさみ始めたという、次の二行からなる詩に尽くされていよう（そこには彼の勉学の成果が窺われる）。

今宵、いずこの山野を旅の枕とすべきや、
幾千里、往けども煙たつ　人家の徴《しるし》見えず

海辺近くの小さな祠《ほこら》、社《やしろ》に体を横たえ、休息した。そのうち襲い来る睡魔、そしてはっと、目覚めるや、東の空は白々と明けかかっている。それが、二人には大和の国における最後の朝ともなろうとの思いでいた。漁師の小舟一艘を手に入れ、沖を目指して漕ぎ出した。干満二つの潮の流れで黒船は沖へと遠ざかっていた。その前後の行動から、二人の決断のいかなるものだったかを知ることができる。というのも黒船へたどり着くや、二人は、その小舟を足蹴にして、遠く海原へと押しやったのだった。岸へ戻る手段を潔く捨て去ったのだった。

さて、読者諸君、これで全て決着が着いたとお思いだろうか。その頃までに提督は、すでに将軍の幕府と条約の締結を果たしており、その規定の一つには、国外への逃亡を図る日本人に手を貸してはならない、とあった。

**獄舎へ**

かくて、吉田とその追従者とが下田奉行に届けられ、捕われの身となった。その夜、異国の紅毛人の秘密を究めんと挑《いど》んだ二人は眠りについた。ただ、体を横たえるにも、立ち上がるにも狭すぎる牢屋では、睡眠をとる、などと云える状況にはなかったろう。そのような状況には、常に悲壮感と絶望感とが伴い、筆舌に尽くし難い。

一方、佐久間はその自筆の書簡から罪に問われ、故郷で蟄居を命じられたが、間もなくにして、解放された。吉田とその同志は、二人して長く獄舎に繋がれ、同志の若者は、獄中で疥癬の病を煩いつつ、朽ち果てた。闘志あふれる吉田は、しかし、獄舎に繋がれる運命に甘んじている筈がなかった。

彼の強固な決意は、苦しい境遇にあって、なおその意を新たにし、獄舎に於ける仲間を増やしていった。憑《つ》かれた者のような獄中の吉田の筆からは、幕府当局へ向けた報告書、陳情文の類いが外部へ向けて発信された。このような秘密行為の違法なることはもとより明らかだった。

しかし、それらの書簡、訴えの文章の拡散、配分に吉田は支障がなかった。彼には常に獄舎の番人に味方がいたのだ。獄舎を次々と変えられるたびに、それは吉田には己れの意図を開陳する新たな機会ともなっていて、そのような幕府の仕打ちは、新たな獄舎で新たな戦略、計略、思想の宣伝拡散に寄与し、吉田に傾倒する人物を増やすこととなって、逆の効果を生んでいた。彼自身は、信念を貫き続ける積もりだったものの、改めてそのことを牢獄の同志らに確約するのだった。

ここかしこと、獄舎を転々とするうちにも、やがて将軍管轄下の獄舎より吉田の目上ともすべき長州藩の大名管轄下の獄舎へと引き渡された。中央で日本脱出の罪に服する間に、ほぼ罪を解かれるにまでいたり、今や浪人、あるいは反逆者としては、軽い罪状を得て地方の管轄下にやられたと解することもできよう。何れにしても、その状況の変化は吉田にとり、重要な意味を有することだった。吉田に賛同する大名配下の者たちの陰の支援によって自宅蟄居という有り難い身分となったからである。そこでまた革命者同志との繋がりを保ちつつ、自己鍛錬、修養に専心することができた。私塾には、新たな若者の幾人かさえ迎え入れた。

ただ、吉田が、今や完全に自由の身になったとすることは早計に過ぎよう。いまだ要注意の人物であることには変わりなかった。奉行の監視下に生活を営むことを許され、彼なりの小さなグループ内での活動が大目にみられていた、というのが実情に近い。しかし、かつての獄舎でどれほどの賛同者を養ったかを知る者には、それでも今の情況は、大いに歓迎すべきことだったろう。

## 正木の登場

そこで我らが正木退蔵の出現となる。吉田の目の前に現れた正木は、当時十三歳、我々はその少年正木の目を通してみた英雄の仕草と性格に触れ得る。天然痘によるあばただらけの吉田は、いかにも醜男《ぶおとこ》と呼ぶにふさわしかった。生まれながら、それほど豊かでもなく苦難の道を強いられていた上、その身だしなみにはまた全く構わぬかのようだった。着物は薄汚れ、食事や洗顔の折にも袖で拭いていた。その頭髪はと云えば、ふた月に一度ほどしか手入れをしていないように見受けられた。その様相は、しばしば、見るに耐えないものだった。ということで、彼には嫁にくる者がいるはずもなかった。

師としての吉田は、振る舞いも穏健で、まことに立派。しかし、闘志溢れるその話しぶりには、しばしば乱暴なところがあった。彼の学問は、吉田の弟子たちには、いかにも理解し難く、大きく口を開けたまま見とれるか、いや嘲笑をさえ誘うことがあった。学問にかける吉田の情熱には、そのような面があり、就寝時にさえ、寝相などに構わぬところがあった。読書に疲れ、眠くなると、夏であれば眠気冷ましになるといって蚊にさされることさえお構いなし。冬だと、履物を脱ぎ捨て、裸足で雪の上を駆け巡った。その筆跡は、見るからに尊大で、詩人ではあったものの、吉田には、優雅なるものに対する趣味など持ち合わせがなかった。美しく書くということが、筆耕者としての熟達を示すのではなく、紳士としての熟達、完成度として称揚される日本において、寸時を惜しんで、己れの信念を文字にし、しかも次々とそれが手を離れていく吉田の場合は、優雅なることなど念頭になかった。

彼はまたいわゆる賄賂《わいろ》、いや賄賂に近い行為を毛嫌いした。日本の社会に潜む悪の根源ともいえるものだったからである。自分の身近な地方でもそのようなことが絶えなかった。ある時、一人の町人が息子に教育を授けてもらおうと、吉田の前に現れた。そして慣例にしたがい、寸志の意で金子を差し出した。たちどころにして、吉田はそれをその町人の顔に投げつけた。そして、荒々しく怒りを露にしたので塾生らの間で噂が広まった＊。

＊その町人は、それ相応の資格のない自分の息子に教えを乞おうと、密かにそれを手渡しのだと、私には思われる。F．J．（注　フレミング・ジェンキンのイニシャル──山口）

その頃のことを正木は覚えていて、師吉田の様子は、度重なる獄舎生活で、頑健さを失っていた。その上、友より贈られた長刀は吉田には重すぎた。でも彼は、庭仕事の折にさえそれを身から離さなかった。そのような点が、まさしくその男の男としての姿だった。ひ弱な男だったら、明らかに失敗だと思われることからは身を引くであろう。吉田の気質は、しかし、かの米国の作家ヘンリー・デイビッド・ソーローのそれに近い。すなわち「もしも、勇気を以て事に当たり、なお失敗に至ったとすれば、それは成功にも等しい」のであった。これぞと決めたことに対し、吉田は何のためらいをも抱かずに回顧することができた。諸事情により、初志を貫徹できないことが分かったとしても、ある意味ではより一層終始奮い立つべき理由があった。すなわち、仮に己れの腰に帯びた大刀を異国へ運び込む事が適わなかったとしても、それは、少なくとも己れの命をすべて日本の為に捧げた証拠となるであろうからである。

これが塾生らの目に映った吉田の姿ではあるが、その塾生らの精神面からみた吉田ではない。

優雅な仕草とかいったことに無頓着な男は、少年少女等の目を引くことはない。我々多くが学校と呼び得るものに通っているのであって、吉田が学生、弟子達の間で、物笑いの種となっていたことは、少しも驚くべきことなどではない。学齢期の子らは諧謔のセンスに溢れている。子らは、書物を通じて英雄について学び、英雄に憧れる。しかし、自分らと同時代の男の資質から英雄の姿を見通すことはできない。喧嘩付きで薄汚く、尋常さを欠いた師の資質など知りようがない。しかし、年を経るうちに、吉田の学生、弟子等は自分等の周囲を見回し、観念上完璧な人物を求め続けることの無駄なことに気づき始め、ますます、かの吉田の教えの流れを理解し始めると、一見偏屈な師の事を振り返り、人間性の尊さを学び始めるのだった。

## 権威の違法性

その行動は最終段階を迎えていた。かのオランダ語の師らがすでに長崎に存在することでもあり、吉田のなすべき事の幾つかは、すでに果たされていた。その上、日本国は新たな学問知識の修得に余念がなかった。革命が第一歩を踏み出してはいたものの、将軍の権威というものが、前面に立ちふさがり、危険な情勢にあった。将軍の大老―家来や護衛の士らの見守る中、降りしきる雪の中で暗殺された―がオランダ語を学ばんと、弟子達が師の元へ出入りすることを禁じた。

それだけではない。目付、諜報員、投獄、死刑といったものによって、日本の勝れた活動家、知識人が消されていった。これこそ、歴史上の権力と死というおなじみのシナリオだった―立ちはだかる障害に立ち向かう勇気、対するに政治犯の投獄という流れに学び——羊やロバだけの無知な者どもの存在だけとなるや、政権、権威が安定する、といった如くに。

しかし、吉田やその同志の平士《ひらさむらい》のような人物を生んだ日本は、その国を守る為の守備兵の守りがいかに強固であろうと、革命そのもの、いや政治の代行者との攻防に思いを致すべきではない。伝説上の人物、かのローマの執政の暴挙は、必然的にその上に立つ権威者の不法性に目を向けしめることとなったのだった。人民は次第に江戸、そして将軍への忠誠から、京の地にあって、長く忘れられたままだったミカドへのそれへと目を向け始めた。その時点では、そのいきさつがいかなるものであったにせよ、これら両域の主導者の関係に溝ができ始めていた。その将軍の指令の元に家来のものが、日本国本来の元首であるミカドの元に新たな恥辱ともなることを持込んだ。

何らかの事の起こる機運が熟し始めた。ミカドを護ることは、神聖きわまりない信念、いや宗教ともいえた。暴政、血生臭い弾圧に抗することは、明らかに政治上の正義そのものである。遂に吉田の出番がやってきた。己れの身は、いまだ長州の地に縛られたままで、自由なるものは何もなかった。あるのは、しかし、その知力。そして将軍の老中をめがけて、刀身に磨きをかけ始めた。

吉田の指令を受けた同志の幾人かが、江戸と京都の路傍近くの村で暴君の使者を待ち伏せ、将軍への陳情書を手交し、抜刀の構えを見せた。しかし、吉田とその配下たちは、仔細にその動きを見張られていた。遠大な目的を秘めた、その陰謀の密使、十八歳の少年とその弟分二人の動きが権威者の疑いを招いた。それが元となり、陰謀の全容が明らかとなって、関係者一味の者皆が捕えられた。

## 砕け散る宝玉

江戸へと搬送された吉田は、またしても監視下の厳しい獄舎生活に戻った。最後のあがきともなろうその間、彼に同情の目を向ける者がいなくなったわけでは決してない。吉田の隣の獄舎にいたのが日下部《くさかべ》、南の山間部、薩摩出の革命児だった。互いに異なる陰謀の罪での捕われの身ではあったが、二人の究極の目的は一つ。すなわち、日本の将来を憂うという共通の信念、共通の熱情を分かち合っていた。二人を隔てる壁を通じて、どっぷりと腰を落ち着けた状態での長い会話で互いに掛け替えのない同情心を培い、二人は硬く結ばれた。

まず、裁判の場、評定所に呼び出されたのが日下部だった。判決が下されるや、彼は死刑場へと連行された。吉田の獄舎の窓の下を通過するが、日下部はあえて吉田に顔を向けたりしなかった。そうすれば、その同志が共謀者であることを暗に公言するに等しかったからである。ただ一瞬鋭い視線を吉田に投じるや、日下部は、大声で次の漢詩を読み上げて、同志へ別れの意を伝えた。

己《おの》が身は、砕け散る玉でありたし
　無傷の瓦のまま、生き長らえんよりは

かくて薩摩の山あいの士、日下部は、この世の舞台から消えていった。その死は、砕け散る絶品の骨董にも似ていた。

しばらくして、吉田もまた評定の場に現われねばならなかった。その瞬間は彼の人生最後の輝きを荊冠、いや挂冠で飾るにも似ていた。裁きの場で、並みいる人の目が吉田に向けられる瞬間を吉田は見逃さなかった。すべてを告白し、己れの企てがいかに公明正大であるかを公言した。そして、おもむろに懐中の紙片を取り出すと、以下の趣意の開陳に及んだ。すなわち、判事の面々に向かって日本国の歴史、そしてそれから得られる教訓を説き、さらに将軍の権威の違法性、犯罪性、そして、本来誤ったその権威の執行が、いかに国民の名誉を傷つけてきたかにつき、長々と解き明かしたのだった。かくて、ひとたび己れの信念の開陳を終えるや、吉田は刑場へと運ばれ斬首の刑に服した。時に志士吉田三十一歳。

兵学者、大胆な旅人、詩人、愛国者、教師、学問の友、革命の殉教者―人生七十までいき伸び、なお吉田ほどの数々の使命を負って国に尽くした者はそれほど多くない。吉田が賢人であったことはいうまでもなく、それ以上に思想上、天賦の才に恵まれていた。烈火の如き熱情を以て、刑場に消えた殉教のヒーローの一人だった。獄舎の番人をさえ味方にすることのできた、その説得力、その熱意、苦境に打ち克つ、そのしたたかさ、それらのいずれがもっとも驚嘆に価するのかをいうのは難しい。彼の意図した企てが、いずれも失敗の憂き目をみた。しかし、見よ、今日あるかの国を。吉田の企てた全ての改革が完全なる成功を収めているではないか。革命の最終段階でそれを成功に導いた多くの者が、実に吉田の友人たちであり、その弟子たちだった。その革命より僅かに十二年後の今日、これまで彼ら同志の多くが、また日本の支配階級の地位を占めるに至っている。

今日、我々の近くを往き交う、洋装に身を包み、やや奇妙な風情をした俊敏な日本人紳士らに目を向けるとき、我々は、次のことをひと時たりとも忘れるべきでない。かの若き幕末の志士が、徒歩でまず長州より江戸へ、江戸から長崎へ、そしてまたしてもそこから江戸へと引き返したその気概、己れの着物に溢れんばかりの和紙をつめ込み、米国の艦船へと乗り込んだいきさつ、獄舎でいかに苦渋の日々を送ったか、その死に臨んでは、それまで彼が祖国のために、全精力、時にはその余暇の寸時をさえ捧げたことを。そして、今日、国民の享受する日本の豊かさを思わずにはいられない。世を生き延びた佐久間より、朽ち果てた吉田の生き様がより尊い。日下部は、「砕け散る宝玉《たま》でありたい」と言っていたではないか。

私はここで一言加えておかねばならない。以上述べてきたことが、一個の英雄の物語である以上に、他の勇敢な人たちのそれであること、そのことを読者には見落として欲しくないからである。一人吉田だけのことを記憶に留めるだけでは十分でない。かの一兵卒、日下部、そしてその勇猛な勇み足ゆえに計略に支障を来した長州出身の十八歳の少年、野村の存在がある。これら偉大な先見の持ち主たちと、ほぼ同時代を生きたことを思い浮かべるだけで、この上もなく愉快な気分になる。宇宙の広さというスケールでいえば、僅かに数マイルしか離れていない所で、私が眠気を催しながら、書物と取り組んでいる陰で、吉田は、蚊に刺されることによって、睡魔に打ち克とうとしている。そして読者諸君が、たかだか一ペニーの税金を出し渋っている間にも、かの日下部は、気高い漢詩を口ずさみながら、刑場へと消えて行くのだった。

上記 Yoshida Torajiro 和訳は筆者の手になるものだが、この英国の文豪による松陰論の和訳版は、筆者の管見の及ぶかぎり、他にも二篇存する＊。一つは、大和書房版『吉田松陰全集』別巻にみる町田晃訳、今一つは、よしだみどりの著書『知られざる『吉田松陰』』に収録される著者よしだ自ら訳出した一篇である。

よしだ訳は、スティーブンソンゆかりの地、スコットランドのエジンバラ、米カリフォルニア州、ハワイにまで足を運んで仕上げた著作に収められる訳文で、本稿の拙訳とは異なり、親切な注釈が附され、より深い内容理解に資する形となっている。大和書房版収録の和訳版などと合わせ利用されんことを。これは、スティイーブンスンの伝記で日本文芸大賞を受賞している達意の伝記作家の手になるもので、小型新書版とはいえ、通常の学術的伝記本の類いとは異なり、とても楽しい読み物となっている。何よりも、著者自ら「足で書いた」松陰、スティーブンソン伝ともすべきもので、筆者にも大いに役立った。なお、大和書房版全集には、ペリー及びスポールディングによる日本遠征記中、松陰関係の原著英文部、そしてその和訳が付され、参照に便利である。

ちなみに、黒船搭乗の士官スポールデイングは下田の町で松陰と直接接触した人物。その日本遠征記は、また、かのペリー提督の重厚な日本遠征録より一年も早く出版されていることを記しておきたい。

（＊あと、筆者未見のものにスティーブンソン原著、柴孝平訳注「吉田寅次郎」がある。）

## 英文豪の日本への想い

エール大学出版局の刊行になる『ロバート・ルイス・スティーブンソン書簡集』全八巻への目配りをも忘れない、その新書版の著者よしだによると、そこに収録される二千八百余通の書簡の中に、日本の一紳士宛のものが見られるという。宛先は藤倉金次郎（見達）。その藤倉は、かつてエジンバラ大学でジェンキン教授の教えに与ったことがあり、何でもスティーブンソンの後輩ということになるらしい。岩倉訪英使節団の通訳の役目を果たした可能性のある若き藤倉とは、エジンバラ時代からの知り合いだった。

「日本からの便りを私がいつも楽しみにしていることを忘れないでください。とても興味深い国なのです。友人ができる以前からそうでした」と記す書簡の日付は一八七七年七月十五日。スティーブンソンが恩師ジェンキン教授宅で、かの正木退蔵との会見を果たす一年前ということになる。

やがて、欧州では印象主義画家をはじめとする美術界はもとより、多方面に及ぶ日本文化の影響、いわゆるジャポニズムが社会に浸透し始める。寅次郎伝執筆後、スティーブンソンはますます遠い異国日本への思いを募らせていたのであろう。

## 少年、野村靖

今一つ、よしだの松陰伝には、岩倉訪欧使節団の全権副使、木戸孝允（桂小五郎）の「日記」に、スティーブンソンの英文「寅次郎伝」に記される「十八歳の少年、ノムラ」についての記述がみられるとのことである。

その少年とは、野村靖、通称和作のこと。スティーブンソンに松陰の生き様を逐一語って伝えた、かの正木退蔵よりは四歳年上だが、両人とも同じ年、安政五年（一八五八年）に松陰の門下入りを果たしている。正木、十三歳、野村、十六歳、「同期の志士」である。『全集』中の関係人物略伝、野村和作の項には、野村が岩倉大使一行に随行し欧州諸国歴訪の旅に出るのは、明治四年末（一八七一年）とあり、野村、数え年二十八歳の頃なので、「十八歳の少年」云々とあるのは、あるいは、スティーブンソンが正木の話を聞きながらのメモにそのように記したのでは？　そのことは、ともかく、野村二十歳の時には、江戸に出て同志高杉晋作らとともに、品川御殿山に建築中の英国公使館に火を放ったり、翌年には、攘夷血判書に署名したりで、攘夷の烈風荒れ狂う時代を生きてきている。維新後は、しかし、子爵の爵位を授けられ、内務大臣、逓信大臣などの重責を担い、没後は、遺言により世田谷松陰神社の霊域に祀られることになったという。

野村には、五歳年上の兄がいた。入江杉蔵がそれで、兄弟二人して松陰の謦咳に接し、血気はやる師松陰の画策する老中、間部詮勝《まなべあきかつ》要撃策に加担、また禁門の変に際しては、久坂玄瑞《くさかげんずい》らと参謀の一人として参加、いずれも不幸な結末に終わってはいるものの、兄弟二人して師の志に報いんとの意気に生きた生涯だった。上掲「関係人物略伝」には、その「松陰意中の門人」二人のうちの兄、入江杉蔵につき「遂に兄弟共に投獄せられ、当時の松陰には羽翼を奪はれたるの感あり」と記されている。

久坂玄瑞が松陰の妹、文の婿なのは、いうまでもない。同じく、久坂の項には、「高杉晋作と松門の聯壁なり」との文言に続き「実甫（玄瑞）の才は縦横無礙《むげ》なり。……高からずに非ず、且つ切直人に逼《せま》り、度量亦窄《せま》し。然れども自ら人に愛せらるるは、潔烈の操之を行《や》るに美才を以てし、且つ頑質なるが故なり」とみえる。「実甫の才は」以下の文章は、松陰自身の久坂評である。

第３章

❖

# 現代の志士　朝河貫一

私が初めて米国の地を踏んだのが一九六三年、その五年後に奉職したのが、エール大学の東アジア及び東南アジア言語文学科だった。ベトナム戦争の爪痕がアメリカの社会全体を覆い尽くしている頃だった。ベトナム語、カンボジア語、ビルマ語、タガログ語、インドネシア語などの講座が開講されていたエールのカリキュラムにもそのことが色濃く反映されていた。中国語、日本語、韓国語などの東アジア語学、文学の他に右のような東南アジア諸語の講座が共存していたことに、社会の動きが反映され、時としてその孤高の学風、イメージが揶揄《やゆ》されることのあるエールが、実際には時代の動きと無縁ではあり得なかったことを証している。

無縁ではあり得なかったどころか、エールの伝統はアメリカの社会の歩みと共に形成されたものであり、創立以来三百年の歴史を有するエールの伝統は徳川期の日本以来、明治、大正、そして昭和期の第二次世界大戦を経て今日に至るまでの日本の歩みとも深く関わっているのである。

日本に開国を迫る黒船の群れ、その米国の一大艦隊を率いるペリー提督の片腕として首席通訳官の大任を果たしているサムエル・ウェルズ・ウィリアムズはエール神学部の出である。ウィリアムズが江戸湾に姿を現わす頃までには、中国の東シナ海沿岸都市マカオで、すでに何十年もの間、中国宣教に従事しており、日本語の知識はともかく、広東語はもとより、北京語にもよく通じていた。すでに触れたように、長い中国宣教の任を終えてからは、母校エールに戻り、エールカレッジの初代中国語教授として晩年を送っている。これは、エールが東アジアの国々と古くから関係を保っている一つの事例に過ぎないが、この史実だけでも日本外交史の解明に新史料を提供し得る絶大な意義を有することを忘れるべきでない。日本開国にまつわる厖大な外交文書をウィリアムズはオリジナル、または写本の形で米国に持ち帰っている。

江戸湾に向かう以前に、先ず立ち寄っている琉球国と米国側との間に交わされた外交文書をも含むそれらの史料群は、今日「ウィリアムズ家文書」として存在し、エール古文書部の所蔵する多くの文書類の内でも最も重要なものの一つとなっている。

## 俊才朝河貫一

米国東部ニューイングランドのコネチカット州にあるエール大学キャンパスの一角に、代々の学長、著名なエール関係者の霊の眠る墓地がある。茶褐色の石塀に囲まれたこの聖域は、すぐ向こうにみえるエール法学部との間を走る通りの名に因んでグローブ墓地として知られる。

独立戦争の遥か前からの古い墓標を幾つも留めるこの一角は、エールのあるニューヘイブンの町のたたずまいとはまた、様相を異にした別世界、厳粛な雰囲気に包まれた霊地である。そこにみる墓標の名だたるものを一つ挙げるとすれば、まず思い出されるのが、かのウェブスター英々辞書で著名なノア・ウェブスターである。ウェブスターはもちろんエールの生んだ偉大な学究の一人である。

ウェブスターの墓標を右手にみながら、しばらく歩を進めると、他の巨大な墓標群の陰にあって、あたかも人目を避けるかのように、ひっそりとたたずむ墓標の一つに行き当たる。その墓標にローマ字で刻まれる文字は K. Asakawa.

明治の末にアメリカにやってきて、大正期、そして太平洋戦争直後までの昭和の全期をエールで過ごした日本の生んだ偉大な歴史学者、朝河貫一《あさかわかんいち》の霊の眠る一角である。朝河は福島県二本松の出身。早稲田の前身、東京専門学校を卒業後、米国ニューハンプシャー州のダートマースカレッジに学び、その稀有な才能にいち早く注目したダートマース学長の強い勧めもあり、さらに高度の学業を目指してエール大学にやってきたのだった。朝河がエール大学に提出した博士論文がこの分野の初期の研究文献の一つとして知られる「大化改新論」で、その後、当時の時勢を反映した日露戦争を扱う論題にも手を染めている。

論文を英文で記す朝河の名を、専門家の間で瞠目に価する歴史文献の編著者として揺るぎないものにしたのが大冊『入来《いりき》文書』である。日欧封建制度史の比較研究を

渡米を前に一人洋装の朝河

エール大学キャンパス内のグローブ墓地にある墓碑

志す朝河が日本の封建制度研究の対象として選んだのが、鹿児島の島津文書と並び称される入来院家の文書だった。精選された文書の英訳、英文による詳細な解説とコメントを網羅するこの大冊一巻は、日本の学者の間では長くその存在が知られていなかった。朝河の名がようやく話題になり始めたのは、一九八〇代半ば頃に刊行された『最期の日本人—朝河貫一の生涯』以後であろう。

## 朝河伝と東アジアコレクション金子英生部長

朝河の伝記の著者は、かつて東京大学史料編纂所教授の要職にあった阿部善雄。阿部教授は何度もエールのキャンパスを訪れ、エール・スターリング記念図書館内のコレクション「朝河文庫」などの検索調査に献身しておられた。古文書部内の薄暗い廊下で時たますれ違うことのあった阿部教授、その両脇には決まって大量のコピー類を抱えていらっしゃった。

二〇一五年の三月にエールで「エール所蔵日本伝来の宝物」と題して開催された学会には最近まで東京大学史料編纂所の所長を務められた石上英一博士はじめ編纂所職員の幾人かが東京から馳せ参じ、現在の活動情況などを報告された。

学会のコーヒーブレイクの折りに、石上教授に「その昔、たしか一九八〇年代の初め頃、東大からいらっしゃって、なんでも朝河文庫を調査中とおっしゃっていた長身の先生が……」といいかけると石上教授、すぐさま「阿部善雄さまだったのでは……・」とおっしゃり、互いに相好を崩し合った。

太平洋戦争以前、エールで健在だった朝河教授と親しく交流したことのある、貴重な経験の持ち主、松本重治教授、そして当時米国歴史学会の長老として名声を馳せていたエールのジョン・ホール教授が阿部教授の著書に序文を寄せている。

阿部教授の労作、朝河貫一伝についてぜひとも書き留めておかねばならないことがある。阿部教授が足しげくエール古文書部に通っておられた頃のエール図書館東アジアコレクション部長が、私のエール在職時代の知己、金子英生氏である。阿部善雄教授の記念すべき著書『最期の日本人―朝河貫一の生涯』の第九章に「大統領への親書運動」と題する、ほぼ五十頁に及ぶ論説が付されている。その特別寄稿文をまとめられた人物が金子氏である。朝河研究中の阿部教授に東アジア関係文書、特に朝河文書の提供で全面的に協力を惜しまなかった金子氏が著者阿部教授に乞われて書き上げた画期的な一章である。

## 朝河苦渋の決意

日米関係に暗雲の漂い始める一九四〇年代、エール、セイブルックカレッジのマスターとしての重責をあずかる朝河には苦渋の日々が続いていた。当時、朝河の周辺には直接朝河の謦咳に接した数人の日本人女性がいたが、彼女らにもすぐに朝河の憔悴した表情が読み取れた。彼女らの中にはその後エールの教授と結ばれて家庭を築いたり、あるいはエール言語学科の著名な言語学者について博士論文をまとめたりした後、エール人類学者夫人として静かに専業主婦の道を歩んで行ったりした者などがいた。愛する妻ミリアムを早く亡くした朝河にとっては、そのような日本人、日系婦人との交わりに、しばしの寂しさ、憂さを晴らす日々のあったことが伝えられている。そのような日本人女性のお一人に私自身も直接お会いしてお話をうかがったことがある。もう幾年も前のことである。

キャンパス中央に位するセイブルックカレッジの広いマスター専用の部屋で、日本の将来を憂える日の続くある日、突如奮い立った朝河は、旧知の先輩、金子堅太郎へ私信をしたためる決意をなす。そのころの朝河の様子を金子英生（堅太郎と系譜上の関わりがあるかどうかは、寡聞にして知らない）は次のように記している。

「朝河が金子堅太郎へ手紙を書いて、日本大改革の方向を提示したのは、東条内閣成立前夜の（一九四一年）十月十二日であった。朝河と金子とは日露戦争のポーツマス講和会議以来の知己であり、日露戦争中に金子はエール大学を訪れたこともあった。当時、金子は枢密顧問官、貴族院議員、維新史料編纂会総裁等を経た元老であったが、すでに八十八歳を数え、国政の中心に身をおいてはいなかったものの、なお壮健であり、その意志さえもてば、直接国政へ関与することはできたかもしれなかった。朝河としては、狂乱を既倒にめぐらすことができようが、できまいが、大陸侵略の独善と三国同盟の愚と、国民の幸福と自由に対する蹂躙とを重ねてきた祖国が、今さらに暴走して、敗北がみえすいた戦争の惨禍に突入しようとするのを、どうしても坐視するわけにはいかなかったのである」

その後、朝河の米国大統領へ親書を送りつける案をめぐって在米日本人、米国人の知己、知識人らと丹念に協議を重ねた。結局大統領より日本国天皇への親書の形で駐日グルー大使に打電されたものの、米国で親書の全文が公表されたのは、日米が戦争状態に入った十二月八日だった。これらの経緯、朝河草案になる「大統領親書」英文版等については金子稿に詳しい。

筆者は、一九九九年にエールを退官し、ちょうどそのころ、故郷沖縄に開学された沖縄県立看護大学英語科で新たなキャリアを始めたが、長年にわたる米国経験を是非今のうちに一書にまとめたらと勧められ、米国体験を扱う自伝に近いものを上梓した。その中の朝河に関する随想文の中で次のように述べた。かつて、ウィリアムズがエール初の東洋関係図書の管理人、司書の任にあったこと、そしてウィリアムズの後継者として文献収集に献身した朝河に思いを馳せながら綴った一文だった。

## エール学長、朝河を激励

「次のエピソードを語らずに朝河教授の項を去るわけにはいかない。真珠湾攻撃に始まる太平洋戦争の勃発時、エールのキャンパスにあって、学究生活を続けていた晩年の朝河の心中を去来するのは、どのような思いだったのだろう。今や敵国となった日本国の国民の一人としてエールで研究生活を続ける教授は、とてつもなく侘しい思いをされていたに違いない……と、これが私の到達しえた当然の結論であった。私の、その『結論、思い』が全く間違っていたことを知って愕然とした記憶は、いまだ私の脳裏に刻み込まれたままである。

朝河文庫に目を通していて、次に記す一通の文書が私の目にとまり、何となくその短い文面を追っていた私は、二度、三度とそれを読み返し、その文面に記される文意を私が間違いなく読み取っていると確信した時、私の体中を一瞬強烈な、稲妻よりももっと、もっと強い電撃が突っ走った。目の前が、かすんでしまうほどのその衝撃に、溢れ出る涙をわたしはどうすることもできなかった。私の目の前のその文書は、真珠湾攻撃という日米関係の未曾有の危機を生んだ大事件の起こったその日、そのほとんど数時間後に、エールの学長が朝河宛に送ったメモだった。大略次のような文意がしたためられていた。

『このような時勢にいたって、まことに残念至極。貴殿の心痛を思うにつけても、次の一事だけは是非とも貴殿に知っていて欲しい。世の移り変わりで気持ちを惑わされることなく、貴殿がこのエールで、なに不自由なく研究が続けられるように、本学が私の名のもとに保障することを……』

私の記憶のみでの要約だが、より正確な文意については、その文章にももちろん目を通されている阿部教授の著書を参照されるよう。このような学問の自由、高度の良識を備えたリーダーのいるキャンパス、そのような伝統を受け継ぐエールの環境、姿勢が仮にも世間の目に孤高の姿勢と映ることがあるとすれば、これほど気高い学風もまたあるまい。私自身がそのような環境に育まれつつ、研究を続けられてきた幸せを思い、今日の自分のあることを思って、感無量である」

そのようなエールの学風に育まれつつ大成した朝河の遺志、貢献を後世に伝えようとして、

エール大学セイブルックカレッジ構内にある朝河貫一記念ガーデン

朝河生誕の地、二本松の有志を中心に進められ、見事に実現したのが、エール大学キャンパス内に存する「朝河貫一記念ガーデン」である。かつて朝河がマスター、塾長として過ごしたことのあるキャンパス内のカレッジの一つ、セイブルックカレッジ構内にある。ささやかな規模ながら、その記念ガーデンは、ゴシック様式カレジの偉容に包まれながら、静かな趣きをたたえている。

## 悲惨！　朝河夫人の墓碑

朝河は新婚生活わずか数年を経る頃、最愛の妻ミリアムを病で失っている。その朝河夫人ミリアムの霊はエール大学のあるニューヘイブンのエバーグリーン墓地に眠る。かつてそこにあったに違いないミリアムの墓標は、しかし、なぜか今は跡形もなく、ミリアムの身内の幼児の死を伝える墓標が細々とその形骸を留めているに過ぎない。早稲田や二本松の朝河研究グループ、関係者には、何よりもミリアムの墓標復旧が急務ではなかろうか。朝河はその後、終世独り身のままだった。

異国へ渡って見聞を広めたいと記す密書を懐中に秘め、同志金子重輔とともに黒船目指して小舟を漕ぎだす憂国の士松陰の意気が、その斬死後、わずか十三年目にして、新たな勇猛の士、朝河貫一の誕生となり、その霊がまた、松陰の密書、そして松陰斬首の記録、「御仕置之者覚書帳」を蔵するエール大学図書館古文書部からは目と鼻の先にあるグローブ墓地に眠るドラマを思わずにはいられない。

**新、朝河貫一論**

現代の志士、朝河貫一の存在を初めて単行本の形にして世に問われたのが、一九八三年、阿部善雄の手になる『最後の日本人—朝河貫一の生涯』だった。それまで、米国内のごく限られた知識人、歴史家のサークルではともかく、日本においては朝河の名は未知数のままだった。遠い米国は東の果て、ニューイングランド在エール大学に三度も足を運び、朝河の存在を広く世に知らしめるに功あった阿部教授の労作の意義は、とてつもなく大きい。

その阿部教授の記念すべき朝河伝の発表後、二十七年を経る二〇一〇年、新たな朝河貫一伝が発表された。朝河の母校、かつての東京専門学校の伝統を受け継ぐ早稲田大学の学術叢書の一つとして刊行された山内晴子著『朝河貫一論—その学問形成と実践』である。阿部の旧著のスコープをはるかに越える六四二頁に及ぶ博士論文で、阿部の旧著以後、いかに朝河研究に深化、進展がもたらされたかを如実に示す労作となっている。ただ、その大掛かりな博士論文が旧著阿部の朝河伝を凌ぐ著作としてどの程度の成果、成功を見せているかについては、にわかには判じ難い。

まずこの新旧朝河伝を前にして、ますます顕著な形で私の面前に浮ぶ、片や、幕末の志士松陰、片や明治末年より大正、昭和の前半に至る間、実に半世紀にも及ぶ異国における学究生活に徹しつつ、我が日本国の行く末を案じ続けた憂国の士、朝河についての私見を語りたい。

## 「危機」ならぬ「禍機」

憂国の士、朝河が単に米国東部名門大学内の一学究として留まることを潔しとせず、祖国日本の行く末を案じつつ獅子吼する姿、そこにこそ筆者が、松陰の面影を見、朝河の姿に「現代の志士」としての面目をみる所以《ゆえん》である。

そのような朝河の存在を限りなく象徴するのが、その著『日本の禍機』である。これが世に発表されたのは、明治の末年を三年後に控えた明治四十二年（一九〇九年）。日露の大戦で日本が勝利を収め、偉大な帝国ロシアを屈服せしめた日本国とは一体どのような国なのだろうと、欧米諸国を瞠目せしめてより、僅かに数年を経るころのことだった。時に朝河三十六歳、壮年期の活力溢れる志士の口吻をちりばめた警世の書だった。

東アジア、特に清国、満州を巡る日本の国際政治上の基本的姿勢は、日露戦争後を通じ、中国の領土保全と列国の政治的関与の機会均等という二大原則を旗印として列強諸国の支持を得ていた。朝河もまた、そのような国際協調の理念に基づく日本の政策こそ「新外交」としてのあるべき姿だとしていた。

しかし、日本の大勝利を契機にその理念とは相反する方向へと進みつつあるかのような祖国日本の歩みに朝河は危惧の念を隠せずにいた。日露戦争後、当時の米大統領セオドア・ルーズベルトの斡旋で米国東部ニューハンプシャー州ポーツマスの港町で行われた日露講和会議の場に、日本側の全権大使として臨んだ外相小村寿三郎は、その後、あたかもかつての二大原則を反古《ほご》にするかのように南満州における日本の権益拡大へと動き出していた。陸軍参謀総長児玉源太郎はまた、軍の強化、勢力拡大への野心を露《あらわ》にし始めていた。

朝河は、そのような国策が植民運動の名残を留める旧外交の悪弊以外の何ものでもなく、もっとも重視すべき日米関係に亀裂をもたらしかねない、として先見の明に欠ける日本政府中枢に対し批判の矢を浴びせるのだった。祖国日本の歩みつつある方向が将来に禍根を残す「禍機」ともなろうと、朝河は自説を展開しながら声を大にするのだった。そのような朝河の獅吼を阿部善雄は「背信外交への警鐘」という見事な表現を以てしている。

こうして結局日本軍国化の根源ともすべき、中央政府の制約を破棄することとなる「軍令」が伊藤博文の反対を押し切って公布されることとなるのは、一九〇七年のことだった。幕末の志士同様、その後幾十年にもわたって叫び続ける現代の志士朝河の精魂込めた雄叫び（新、朝河貫一論の著者は、そのような朝河の動きにつき、かつてエール歴史学科を率い、米国歴史学界の重鎮として知られたジョン・ホールの用語を受け「個人広報外交」と呼んでいる）が、結局心ある世の人たちへ届くことなく空しくも消え去る悲劇の始まりをここにみるのは、決して筆者だけではあるまい。

朝河が『日本の禍機』を書き始めるのは、一九〇八年のことである。その僅か一年前に、前述の日本軍国化への第一歩ともすべき「軍令」が交付されている事実が、朝河にとってつもなく大きな衝撃を与えたろうことは想像に難くない。朝河の原稿を読んだ早稲田の先輩坪内逍遥は、すぐさまそのタイトルを危機ならぬ「禍機」という印象的な語を以てしたという。結局、その著書が実業之日本社から刊行されるのは、一九〇九年、原稿の再校と三校は逍遥自身の手でなされたと伝えられる。

そのような経世家としての朝河の華々しい活動、そしてその時より数年を遡る一九〇四年、朝河が『日露衝突―その原因と争点』と題する一書を英文にして世に問うている事実を我々は知っている。阿部の著書巻末に見る朝河年譜、一九〇四年の項には「十一月、『日露衝突』（英文）を英米において刊行し、『日露戦争における日本の正義を英米国民に説く』（『』は引用者）」とも記されている。後年、その著者朝河が己れのそのような「広報活動」を後悔し、その頃の日露戦争論者としての己れの立場、足跡を「消し去りたい」との感慨を抱くようになるのも、「日本の正義」の真相、内実がどのようなものだったかを聡明な朝河が気づいたからに他ならない。そこに、経世家朝河の今一つの悲劇、悲運を見ぬわけにはいかない。そのような洞察に欠けるとはいえ、その頃の朝河の広報活動については、山内晴子の『朝河貫一論―その学問形成と実践』第五章「日露戦争」をみられたい。

## 伊藤博文と朝河

エール大学で創立二百周年記念の祝典が行われたのは一九〇一年（明治三四年）のことだった。その日、祝典の場には名誉法学博士の称号を受けるためにやってきた伊藤博文の姿があった。阿部によると、伊藤は当時エールのキャンパスにいて大学院二年に在籍していた朝河と会っているという。その後、伊藤は、かつてエールで顔を合わせた青年がアメリカで『日露衝突―その原因と争点』という英文の著書を発表し、米国各地で日本擁護の講演を展開していることを耳にし、「大きな喜びを感じた」という。

そしてその後、一九〇六年に、その青年が日本に一時帰国していることを知った伊藤は、その年の五月に己れの主催した前駐日英国公使サトウの歓迎会に朝河を招いて「ひと時の談話を交わした」という。その数日後、伊藤は朝河から一通の書簡を受け取る。その書簡には、「先日の歓迎会の場で、ちょっと申し上げたことなのだが、『帝国憲法』制定過程の資料をぜひ公開して欲しい、そして公開すれば、欧米の比較政治学者や法制学者にも甚大な利益を与えることになろうということ、さらに公開には、自分も興味があるから手伝ってもよいということ、また自分は伊藤己代治（伊藤は「伊東」のことにちがいない―山口）に面識はないが、面会して勧めてみたいということも述べられていた」。

さらに阿部は次のように続ける。「情報公開を迫る青年の思いがけない言葉を歓迎会場で聞いた伊藤の顔色が、そのとき変わったかどうかは、もとより知る由もない」と。ここで、伊藤博文の言葉を伝える阿部の言葉を長々と引用したのは外でもない、その後、太平洋戦争に至るまで幾百にも及ぶ書簡が朝河の手から世の識者に向けて発信されており、今一人の志士、かの松陰が今日私どもの目にすることのできる『吉田松陰全集』のうちの何巻かを占めるのが、警世の言葉に満ちた私信だからである。ここでもまた、経世家としての松陰、そして現代の志士、朝河の躍如たる姿が二重写しとなって私の眼前に浮ぶ。

ただ、経世家二人の血の滲むような努力と汗にもかかわらず、その声が結局どれほど功を奏していたかは、論議の分かれるところでもあろう。二人の憂国の士の声は、往々にして空中に届いては消える山びこに近い存在だった。敗北への道を歩み続ける祖国の行く末を憂い、米国大統領への親書送付の試みが、結局は朝河はじめ親書の作成にかかわった人たちの救国の願いが果たせた様子でもない。その委細については、先に触れたところでもある。

それだけではない。新、朝河論者、山内が長々と紹介している朝河の大先輩大隈重信へ向けて発する幾たびもの警告の書簡にしても、朝河が大隈より前向きの返信に接した様子が窺われない。常に一方通行で、朝河の声はただ空しく消え去っているかのようで、経世家朝河の無念の色が想い浮ぶばかりである。一九〇八年より一九一五年までの実に八年に及ぶ間、朝河が大隈に対し「日支共進、東洋の自由、東西協同」を訴え続けたにもかかわらず、何らの結果を生む様子がないのに、さすがに業を煮やした朝河、坪内逍遥宛の一九一六年六月四日付の書簡でそのおだやかならぬ気持ちを次のように叩きつけるのだった。

「大隈伯ハ局ニ当たって見れバ、左程の政治家とも見へず。当国のウィルソン氏と同じく世界の大勢の趨く所を観て国民を指導することをせず、百年の好機を逸しつつある責ハ免るまじく存ぜられ候。……その度量さへも案外ニ広からざるには驚入候。……日本人ハ国際的思想ハ、全然『力』を頼むオツポチュニストたる様子と存候。……日本ハ思想感情教育上の世の大勢に眼を閉じ、国民文化の趨勢を危くしつつある者と存候」

こうして気概を削がれてうち沈む朝河に対する我らが新、朝河論者のコメントは、僅かに次の一行のみ。

『門閥打破・憲政擁護』期待の『民衆政治家』大隈は、年を取りすぎていた」……。

とはいえ、朝河の声が終局的には戦後日本の歩みに一つの大きな指針の役目を果たしている一面を看過しては朝河像を正しく評価したことにはなるまい。終戦直後米国内にはびこる、かつての敵国日本の天皇制廃絶論に対し、敢然と立ち向かう朝河の姿は、山内の新、朝河論の最終章に詳しい。

伊藤博文がハルピン駅頭で韓国人の凶刃に倒れるのは一九〇九年十月のことだった。その懐中には一冊の書『日本の禍機』があったという。

附編

❖

# 開国史関係文献解題

松陰復活の動きに伴い、新たに松陰を見直そうとの動きに本書がいささかなりとも貢献しえるようであればと念じつつ筆者はワープロのキーを打ち続けた。

以下は、本文中でしばしば取りあげた黒船来航と密接に関連する基本文献の解題である。

## 1.『ペリー提督日本遠征記』全三巻

開国史研究上、必携の英文原著。黒船艦隊の帰米後、米国議会の認証を得て刊行された三巻本。従来その原本そのものに接し得るのは専門家や一部の原書愛好家、蒐集家に限られ、一般の読者諸氏にはなかなか縁遠い存在だった。しかし、二〇〇三年に至り状況が一変した。ペリー来航一五〇周年を記念して、完全復刻版が刊行された（照屋善彦解説、山口栄鉄・宮城保監修、ＮＡＮＳＥＩ〔旧南西マイクロ社〕）。書中の原色写真版など、原著と寸分変わらぬ豪華版（以下、『公式日本遠征記』）である。古くから数種の和訳完訳、抄訳版が知られる（70頁参照）。

しばしば聞かれる「砲艦外交」という語句は必ずしも適切な表現ではないだろう。しかし、それでも、ある種の真理を言い当てて妙だと思うのが、ペリー提督監修、フランシス・ホークスの執筆になるこの英文原著であり、またその記録に対する私自身の見方でもある。そのような私見が誤った観察、独善的な見解でもなかろうことを証するには、例えば黒船艦隊の一員でもあったスポールディングの『日本遠征―琉球及び周辺諸国周遊録』（詳細は4参照）にみるペリー批判を指摘しておくべきだろう。いや、むしろ筆者には、それ以上に厳しい目で対しているペリー直属の首席通訳官ウィリアムズの『ペリー提督随行日誌』（詳細は2参照）を挙げるべきもののように思う。

ちなみに、スポールディングの著書は、ペリー主導の『公式日本遠征記』刊行一年も前に世に問われている。下田の港に停泊中、上陸を許され、町の界隈を散策中、松陰から密書を手渡されるのがスポールディングである。

下田沖に停泊中の黒船目指して同志金子と二人して、命がけの渡海を試みる松陰の悲運を思うにつけても、その黒船には、すでにれっきとした一人の日本人が艦隊所属の一員として乗り込んでいた事実に触れないわけにはいかない。その名は「倉蔵」、当時二十三歳の若者は、黒船の水夫たちには「サム・パッチ」と呼ばれ、人気者だった。船中では三等水兵として、艦隊の一員と見なされていた。『公式日本遠征記』には、数カ所にわたって Sam Patch についての記述がみられる。

黒船来訪の知らせに、例の如く取り調べの任を帯び、幾人かの配下の通詞や部下を伴って黒船船上にやって来た浦賀奉行支配与力、香山栄左衛門は、船中に日本人がいるとの情報に驚愕の色を隠せなかった。香山は、奉行当局への報告書中、特に倉蔵の風情に付き「亜船之中に日本人乗組居候趣、アメリカ風之衣服相用、頭は五分月代にて、同国之風躰に相……」と記している（『大日本古文書』幕末外国関係文書之一）。

サム・パッチは、安芸の国広島の出身。三年前摂津国、大石八郎の船に乗り込んだ末、難船の危機に瀕し、同志ら十六人が漂流するうちに一人は死亡。残る十五人が米船に救助され、広東へと送還されたが、その後、サム・パッチひとりだけが黒船ポーハタン号に乗込んでの来日だった。黒船第一回浦賀来航の折りにも、その一員としてやって来ており、取り調べ官、香山栄左衛門がその存在に気づくのは、嘉永七年（安政元年）三月、黒船二度目の浦賀来航の折りだった。香山らの面前に連れて来られたサム・パッチの様子を、傍らでみていた黒船側の首席通訳官ウィリアムズは、随行日誌に次のように記している、「三月六日（嘉永七年二月八日）哀れなこの男は、恐怖に震えおののいて、何をしたらよいのか、またどう振る舞ったらよいのか、ほとんど見当もつかない有様だった。甲板で平伏した彼は、支離滅裂な言葉をもぐもぐさせるばかりで、立ち上がることができず、平生にはお目通りかなわぬ高い身分の栄左衛門の、厳しい眼光に射すくめられて脅えていた。日本人は支配者、権力者の面前に出ると、中国人以上に畏怖し、卑屈な態度になる民族なのかと、私にはいぶかしく思われた」（2の『ペリー提督日本遠征随行日誌』、洞富雄訳、二〇〇頁）。

同訳書には例によって随所に詳細な注釈がみられるが、サム・パッチについてもまた以下のような記述がみられる。「公式記録の遠征記には『サムは乗組員の一人で、日本の沿岸から嵐に吹き流された一日本船（灘の松屋八三郎の船永力丸〈栄力丸〉、嘉永三年九月漂流、内十六名〈実は十七人。この中に、のちに有名になったアメリカ彦蔵がいた〉中の一人であった。一艘のアメリカ商船〈オークランド号〉が偶々同船に遭遇して日本人を乗り移らせ、彼らをサンフランシスコに連れてきて同地で彼らを一巡邏船〈ポーク号〉に移した。巡邏船に留まること十二ヶ月、合衆国単檣帆船セント・メリース号に収容されてシナに至り、同地でサスケハナ号に移された。

その汽船が日本に赴くペルリ提督の艦隊に加わった時サム・パッチを除く他の日本人全部は、もし帰国したら命がなくなりはしないかと恐れて、シナに留まる方を選んだのであった。サム・パッチは船に留まり、乗組員の一人として規則正しく船勤めをしていたのであって、第一回目の日本訪問の際にも艦隊と行を共にしたのである」（同訳書、二〇一頁）。

以上長々と洞訳書の注釈を引用したのには、実は幾つかの理由がある。まず、海上において遭難し、米船に救助される栄力丸に、後年、ジョセフ彦として知られ、異国で大成する人物の存したこと。また、その後、来航する黒船船上には、香山栄左衛門の面前で、恐れおののき、ウィリアムズに侮蔑の念で見られながらも、船中では他の目の青い水兵らから好感を持たれていただけではなく、たまたま船中にいた信心深い海兵隊員のお眼鏡にかない、数年後には、バプテスト教会の宣教師として来日する、そのかつての一海兵隊員と共に故国日本へ帰還するとのドラマが秘められているからである。

洞訳書の注解によると、サム・パッチの生涯の恩人ともすべき、その人物の名はジョナサン・ゴーブル、日本で初期プロテスタント宣教史に名を留めるゴーブル夫妻は、ジェイムス・バラー、ウオレン・クラーク師らの片腕として活躍したという。センタロー、クラゾー、クラキチ、サンパッチなど、いろいろの名で呼ばれながらも自身は生涯サム・パッチの名を誇りとし、その墓碑（明治七年没）にもこの名が刻まれているという。

本稿、本文中にて幾たびとなく触れたように、下田踏海であえなく生命を絶たれた松陰の悲運を思うにつけても、ジョセフ彦、音吉、そして今またサム・パッチという漂流者に待っていた幸運の光、前者を「陰」とし、後者の一群を「光芒」として扱った幕末史のドラマを改めて想起せずにはおれない。

今一つ、『公式日本遠征記』に散見される Sam Patch とは一体何者ぞとして、その人物像を追って一冊の書に仕上げた研究家がいる。『幕末漂流―日米開国秘話』の著者、青木健である。その書中には、公式遠征記に長く親しんできている私にも初耳の次のような記述がみられる。「サムこと倉蔵については、もう一つの証言が残っている。それは、『大日本古文書』中の『幕末外国関係文書之六』に載っている記事で、下田停泊中のポウハタンに薪水を運搬するため乗込んだ柿崎村の健蔵という水夫が、倉蔵と面談をした時のものだ。倉蔵が健蔵に語った所によると、ペリー艦隊に乗込んだ漂流民は、倉蔵一人ではなかったらしい。倉蔵はこう語っている。『残之内三人此度乗参り、昼之内は水に遣ひ、船上へ出、夜に入候得は、船底江入れ、一切出し申さず』」と。

そして、著者青木はさらに次のように続ける。「つまり、三人の漂民がアメリカ東インド艦隊の水夫として乗込んでいるというのである。では、倉蔵以外の二人の漂民は一体誰であり、どの艦船に乗っていたのであろうか」と。さらに公式記録には、「これらの遭難者はサンフランシスコから支那に連れて来られ、同地でそのうちの二人が三等水兵としてサスケハナ号に乗り組んだのであって、今は共に合衆国にいる」とされる記述を引きながら、「この記事と権蔵の証言とを合わせてみると、他の二名はサスケハナに、倉蔵のみポウハタンに乗込んだとも読めるが、それが一回目の来航か二回目のことなのかははっきりしない」として疑問を投げ掛けている。その疑問は、いまなお謎のままである。

ちなみに青木は、サム・パッチとの出会いについて「あとがき」で次のように述べている。

「本書は、ペリー艦隊の通訳サミュエル・ウェルズ・ウィリアムズ、嘉永七年（一八五四）二月八日付きの『日記』の記事が種子となっている。そこに登場するアメリカ東インド艦隊の三等水兵、サム・パッチと呼ばれる日本人漂流民がわたしを鷲掴みにしたのだ。難船漂流してアメリカの商船に救助された挙げ句、自身の意志からではなく、黒船艦上の人となったこの無名な漂民が、わたしを衝き動かしたのである」と。

## 2.『ペリー提督日本遠征随行日誌』（一九一〇）

本書は、ペリー艦隊直属の首席通訳官サムエル・ウェルズ・ウィリアムズによる日本遠征随伴録で、『日本アジア協会紀要』三十七、別巻として刊行されたもの。原題は A Journal of the Perry Expedition to Japan 1853-1854. 洞富雄訳『ペリー日本遠征随行記』が知られる。

序章に続く日誌の冒頭に一八五三年四月九日にペリー提督より日本遠征隊直属の通訳としての任務の要請を受け取るとの趣旨が記されている。エール大学の所蔵するウィリアムズ家文書には、その提督自筆の書簡が収められている。それには、マカオ駐在のウィリアムズに面会したいとの意向が記され、四月下旬には上海を経て日本へ向かう計画でいることを伝えるもので、香港停泊中の旗艦ミシシッピー号上でしたためられている。

今一つが、マカオで記される一八五三年四月二十五日付き提督のウィリアムズ宛書翰で、以下の情報が記されている。すなわち、艦隊保有になる日本関係図書のリストを付し、それら以外の書籍類があれば是非持参するようにと勧めている。提督の記すそのリストにはケンペル、ツンベルグ、ゴローニン、マクファーレンその他の著者名、『日本および日本人』『日本人の風俗習慣』などの書名がみえる。日本開国の大任を果たすべく、これから琉球島那覇、そして江戸湾浦賀へ向かわんとのペリーが、どのような書籍類によって東洋、とくに日本国に関する知識を培っていたのか、その一背景を知り得る貴重な書簡史料である。

なお、ペリーの『公式日本遠征記』英文原書以降、例えば『日本における米国人』（ロバート・トームス編、一八六〇年）からペリー提督来日百年目を迎える頃の『東シナ海及び日本に於ける米国艦隊』（シドニー・ワーラク、一九五二年）など、ペリーの英文原著縮刷抄録版が数多く上梓されている。洞富雄による訳書は、詳細な注記、巻末の解説、日本側の関連文書と共に、原著の内容理解に欠かせない。

## 3. 『ペリー提督日本遠征自筆日誌』（一八五二〜五四）

米国政府認証になる『公式日本遠征録』（一八五六）の基本資料の一つとなったペリー提督の自筆日誌全三巻を編集上梓したもの。原文日誌初巻は、ペリー提督令孫の夫人ベルモント女史、残りの二巻は米国国立古文書館所蔵になるものをロージャー・ピニョーが編集したもの。『ペリー提督伝』その他で名高いサムエル・エリオット・モリソンが巻頭緒言を寄せている。

一八五三年七月の項には、以下のようなペリー自身の記述がみられる。

「日本国との友好関係の樹立、これは無論時間を要することであろうが、先ず琉球と小笠原諸島の掌握が決定的な要素となろう。これは自分に託された権限の許す限り、これらの島々に対する統括の姿勢を維持し続けるつもりである。琉球に関する限り、この悲惨な島の人々をその専制支配者の圧政から守ってやることほど人道的行為はあるまい。筆舌に尽くし難いほどの風光明媚な地にあって、その住民は踏みにじられ、虐げられたままとなっている。けだし、日本本土の支配者による圧政より土地の要人を守るのは、まさに正当なこととすべきであって、何らそれ以上の目的を有するものではない。というのも、琉球の人たちは、我々に人目をはばからんばかりの親切心を示すことによって、かの常にムチを振りかざしてやまない自分たちの主人ともすべき日本本土の支配層に対し、自らを危険な立場においてしまっているからである。地元の身分の高い人たちを保護し、スパイ共を追い散らすことによって、下々の者が何ものをも恐れることなく頭《こうべ》をもたげ、何憚ることなく行動しえることとなろう。それゆえ、自分に託された権限と米政府当局同意のもとになし得るかぎりにおいて、この島民の保護を続けることは思慮ある行為であり、正当な事とされねばならぬであろう。日本政府をなんらかの形で理性ある判断に至らしめることの重要性、絶対的な必要性が日ごとに高まりつつある。そして日本帝国への門戸そのものともすべきこの琉球でこそ、かれらの手ではもはやいかんともし難い我が方の勢力を確立しておくことが最も抵抗の少ない手だてのように思われる」

## 4．『スポールディング日本遠征記』（一八五五）

『公式日本遠征記』の刊行以前に発表されたものとして注目される。著者は、艦長直属の書記。1の項に記したように下田の町を艦隊所属の士官らと散策中、周囲の目を気遣いながら静かに近づく松陰よりすばやく密書を手渡されたのがスポールディング。浦賀入港以前、初めて旧琉球国那覇への上陸を果たしている黒船艦隊員に対し、ペリー司令官より下される厳しい指令の内容を綴る著者の言葉から、特に琉球における艦隊員のとるべき態度、その後の日本におけるペリーの基本的姿勢を窺うことができる。たとえば、琉球王国の首都首里における米琉交歓の宴で両国の親善を高唱しつつ互いに祝杯を傾ける情景を著者は、米国側の一員としてよりも、むしろ第三者としての心情を次のように吐露している。

「琉球の人たちは、質朴純粋さをもって知られるも、過去ほとんど二世紀もの間、異国との関係樹立を潔しとせず、この文明諸国の慣例に相反する、いわば偏見とも称すべき観念を打破することが本艦隊の目的である。ただし、この目的遂行の為には常に友好的な態度以て臨むべく、住民各位に接する艦隊員すべてが節度を守り、規律ある態度の維持に努めるよう。そして、我々があらゆる友好的態度を尽くしてのち、なお目的を達せざる時のみ非常手段に訴えるべく、緩急の備えを怠らぬよう」。その「一旦緩急あれば」と艦上にて行われる砲撃訓練等、戦時態勢さながらの様子を著者は、ある時は批判的に、ある時はまた諧謔をすら混じえつつ記述している。「列席の琉球側長老、指導者の面々がこの国際交歓の場に相当な敬意をもって応じているかのようではあった。しかし、私にはこのことがあるいはいつの日か、己れの自立孤高の国策を侵害しかねない米国側への一歩接近の端緒ともなろうことを気遣っているのでは、とさえ思われた」

## 5．ベイヤード・テーラー『インド、中国、日本訪問記』（一八五五）

スポールディングの著書同様、『公式日本遠征記』以前に刊行された一書。公式遠征記が大きくスペースをさいている「琉球」の部の多くが艦隊同行のテーラーの手記に負う。当時、テーラーはニューヨーク・トリビューン紙特派員の肩書きをも有していた。全四十四章、五百頁余の労作。艦隊員と共に初めて琉球国の風物に接したテーラーは、「これほど風光絶佳の地を自分は他に知らない」と麗筆をもって記している。

同様な記述は他の書にも見られる。かつての琉球国の様相を知っているジョージ・カーは、戦後、ほとんど唯一の英文による著作ともいうべき『沖縄―島人の歴史』のなかで、「太平洋戦争直後の荒廃の地、沖縄の様相を熟知する私には、そのような先人の記述は全く私の想像を絶するもの」と記している。

## 6．『米国海軍日本遠征関係公文書』（一八五四〜五五）

Correspondence Relative to the Naval Expedition To Japan, 1853-1854, Senate Documents, 33rd Congress, 2n Session（18541855）,Washington, v.VI, Ex.Doc. No.34, Ser.751

米国政府海軍省による日本遠征隊派遣決定の背景、歴史的意義、ペリー以前に日本開国の任務を拝命していた前米国東インド艦隊司令官オーリック提督、そしてその後のペリー提督全権に託された権限の範囲、注意事項、その他東シナ海在米国艦隊と米政府当局との間に交わされた外交公式文書一切を含む貴重な文書集成である。

厖大な量に及ぶペリーと米政府間のやり取りは、後年発刊され巷に広く知られる「公式日本遠征記」が開国の偉業を達成した直後のペリーの功績と名声、その英雄像を全面に押し出すことに終始している内容とは異なり、一部に「砲艦外交」の異名でもって解されるペリー自身の決意を如実に反映し、そのような提督の勇み足を牽制せんとの米政府当局との確執を記す。日本開国裏面史、開国秘史の様相を留めるのが本文書集成。

以下に、そのような軍人ペリーの決意と、それをあくまでも牽制せんと懸命になる米海軍省当局の指示、司令とを含む代表的書信を挙げよう。

米海軍章長官宛マーシュー・C．ペリー書簡（一八五三年六月二十五日、琉球島那覇にて）

「しかし、仮に海軍省当局が米国政府の名のもとに琉球諸島を掌握することが望ましいと考えるのでありましたら、私は最善の手段をもってその任に当たるでありましょう」

J．C．ドビン海軍省長官、一八五三年十一月十四日、ワシントン発。

「貴官の書信はすべて大統領閣下のもとに提出してあります。大統領は、輝かしい成功を収めつつある貴官の興味深い任務に対し喜悦の念を以て接し、正当な方法を以てなし得る限り貴官への援助を惜しまぬ意向でいられるものの、この偉大な任務の達成ということが米国側の功績になることを志向すべきだけではなく、同時に決して日本側を傷つけるものであってはならぬとの大統領ご自身の信念を強く貴官に銘記頂きたいとの意向でいられます。これは、改めて貴官に申し上げることでもありますまいが、貴官の任務があくまでも平和交渉を旨とすべきであって、日本人の特異な性格に鑑み、我が国の偉大さと戦力の巧みな示威とを以てすることの重要性は十分銘記すべきも、自衛手段以外には決して武力行為に訴えることがあってはなりません」

以上、文字通り「抄録」に過ぎないが、黒船来航以前、以後の関連欧文原著解説、その詳細については筆者の旧著『異国と琉球』、『琉球―異邦典籍と史料』、『外国人来琉記』などを参照されたい。

# 私の「留魂録」―あとがきに代えて

時は一九六三年、所はサンフランシスコの小高い岡辺、濃霧の向こうに金門橋の姿が見え隠れしています。眼下に港を控えたその岡辺にある「咸臨丸上陸の地」と刻まれた重厚な大理石の碑文に目を引かれ、「へえ、これがあの有名な咸臨丸！」との感慨が一瞬私の心中をよぎったものの、その時の印象は、ただそれだけで、私の「感慨」も、それ以上のものではなかったように思います。

あの頃の記憶がより強い意味合いもって私の心に浮かび上がったのは、それより大分時を経てからのことでした。思えば、その咸臨丸が太平洋の波濤を乗り越えてサンフランシスコの港に着いたのは、その時を遡ること百三年、万延元年（一八六〇年）のことでした。咸臨丸船上には、艦長勝海舟、そして私には、ひときわ思い出深い、ジョン万次郎、いや中浜万次郎の姿がありました。

日米関係史の年表を繰る私は、次の事実に愕然《がくぜん》としました。しばしば新暦や陰暦で記す年表の見間違いでなければいいのですが、咸臨丸のサンフランシスコ入港が万延元年三月十七日、そして、二十一回猛士、松陰が江戸伝馬町の獄舎を出て、刑場の露と消えていったのは、何とそのわずか四ヶ月前の安政六年（一八五九年）十一月二十一日のことだったのです。

処刑の前日に擱筆した「留魂録」に松陰は次のような文章を残しています。「遺言」の積もりだったに違いありません。本文中でもしばしば参照した中公文庫版『吉田松陰、講孟余話ほか』の口語文で見てみましょう

「私は三十歳、四季はすでに備わっており（四季は「死期」？――筆者）、花咲き実は結んでいる。それが実のよく熟していないもみがらなのか成熟した米粒なのかは、私の知るところではない。もし同士のなかで、この私の心のあるところを憐れんで、私の志を受け継いでくれる人があれば、それは蒔かれた種子が絶えないで、穀物が年から年へと実っていくのと変わりはないことになろう、同志の人々よ、どうかこのことをよく考えてほしい」

その蒔かれた種子が、僅か数ヶ月を待たずして見事に開花していることを示す何よりの証拠が咸臨丸です。それ以前、長州萩の野山獄で記された、これもよく知られる「幽囚録」で、松陰は、次のような私見を披露してもいます。

「わが国の者は、諸外国の言葉をよく知らなくてはならない。また技術の方法や器機の作り方などもオランダの翻訳を経てその概略を知ることができるけれども、それぞれの国の原書によってこれを学ぶのにこしたことはない。だから、俊才を諸外国に派遣して、その国の原書を買い、その学術を研究させその人を学校の教師にするべきである。また、漂流民で国に帰った者

や外国人で帰化した者を探し求めて、彼らを学校に招き、その見聞した知識について尋ねれば、その益するところは大きいに違いない」

漂流民として国に帰ったジョン万次郎のことを松陰は、師と仰ぐ佐久間象山を通じて知っていました。しかし、咸臨丸船上に、その万次郎が乗っていることなどは知るはずがありません。やがて諸外国より幾多の「お雇い外国人教師」が日本にやって来て、松陰の夢見た「富国強兵」への雄叫びに、いよいよ拍車がかかります。その中の英人チェンバレン（不朽の名著『英訳古事記』で知られ、東京帝国大学初の博言学教授としての栄誉を担う人物）の伝記を手がけたことのある私には、松陰の声が、特別な響きをもって聞こえます。咸臨丸艦長の肩書きで海外への渡航を果たした勝海舟が、松陰の師と仰ぐ象山に師事し、砲学術を修めた同学の士だったことにも天の采配を感じます。

咸臨丸に遅れてサンフランシスコに入港する米艦ポーハタン号搭乗の遣米使節団のメンバー、福沢諭吉や中浜万次郎が、あたかも「異国の原書を求めて研鑽せよ」との松陰の声に答えるかのように、滞米中ウェブスター辞書を求めて日本に持ち帰っています。いまなお、ウェブスターの母校エール大学図書館へと足を運ぶことのある私には、ウェブスターや朝河貫一の墓碑のあるグローブ墓地に沿って歩を進める度に、松陰や「天は人の上に……」の名言を残した人物、そして異国で生涯を終えた憂国の士、朝河らの人物像が心に浮びます。

松陰はまた、生前「二百年来、わが国と国交のあるオランダより艦船を求めるか、造船を頼め」とも発言しています。その咸臨丸が、江戸幕府発注になるオランダ国産だったことを忘れることができません。わが国における洋式軍艦初期のものとして、荒れ狂う太平洋を渡りきっている咸臨丸にも、松陰の霊魂が宿っていたように思えて仕方がありません。

英国の文豪スティーブンソンが、世界でもおそらく初めての松陰伝ではなかろうかと目される文章を残していることについては本文で触れました。その英文松陰伝のなかで、スティーブンソンは「吉田寅次郎が私どもと同時代に生きた人物だったことを誇りに思う」とも、また「いまだ世に知られぬ吉田の名は、遠からず欧人革命家諸士と名を並べて記憶されるに違いない」とも発言しています。

私は時折り、品川沖を出航し洋上を往く咸臨丸の船上に勝海舟と肩を並べて立つ松陰の勇姿を思い浮かべることがあります。そのような場面が、幻想のままで終わるのは痛恨この上もありません。

二〇一七年六月

米国エール大学スターリング中央図書館にて

山口　栄鉄

著者
**山口 栄鉄**（やまぐち　えいてつ）
1938年沖縄県那覇市生まれ。「国際琉球学」「欧文日本学・琉球学」を提唱。プリンストン、スタンフォード、エールの各大学を経て、沖縄県立看護大学教授に。バジル・ホール研究会名誉会長。
主な著作に『チェンバレンの琉球・沖縄発見』（芙蓉書房出版）、『英人バジル・ホールと大琉球―来琉二百周年を記念して』（不二出版）、『幻の琉球国聖典』（琉球新報社）、『英人日本学者チェンバレンの研究―〈欧文日本学〉より観た再評価』（沖積舎）、『琉球語の文法と辞典―日琉語比較の試み』（琉球新報社）等がある。國學院大学文学博士。米国在住。

吉田松陰《よしだしょういん》の再発見《さいはっけん》
――異国に眠る残影――

2017年 7月20日　第1刷発行

著 者
山口《やまぐち》 栄鉄《えいてつ》

発行所
㈱芙蓉書房出版
（代表 平澤公裕）
〒113-0033東京都文京区本郷3-3-13
TEL 03-3813-4466　FAX 03-3813-4615
http://www.fuyoshobo.co.jp

印刷・製本／モリモト印刷

ISBN978-4-8295-0716-2

## チェンバレンの琉球・沖縄発見

山口栄鉄著　本体 1,800円

明治期の日本に滞在し、最も有名な日本研究家として知られるバジル・ホール・チェンバレンの琉球研究のエッセンス。半世紀にわたってチェンバレン研究を専門分野としてきた著者が、「チェンバレンの日本学」をわかりやすく解説。チェンバレンが書いた琉球見聞録「琉球〜その島と人々」を読みやすいように翻訳して収録。

## 太平洋の架橋者 角田柳作

「日本学」のSENSEI

荻野富士夫著　本体 1,900円

“アメリカにおける「日本学」の父”の後半生を鮮やかに描いた評伝。40歳で米国に渡り、87歳で死去するまでの人生の大半を主にニューヨークで過ごした角田は、コロンビア大学に日本図書館を創設し、The Japan Culture Center を開設した。ドナルド・キーンをはじめ多くの日本研究者を育てた角田は、深い教養と、学問に対する真摯な姿勢から、尊敬と敬愛をこめて“SENSEI”と呼ばれた。貴重な写真・図版77点収録。

## 星条旗と日の丸の狭間で

証言記録 沖縄返還と核密約

具志堅勝也著　本体 1,800円

佐藤栄作首相の密使として沖縄返還に重要な役割を担った若泉敬。沖縄でただひとり若泉と接触できたジャーナリストが沖縄返還40周年の年、初めて公開する証言記録・資料を駆使して「沖縄返還と核密約」の真実に迫る。

## 日米野球の架け橋

鈴木惣太郎の人生と正力松太郎

波多野 勝著　本体 2,300円

日本プロ野球の創成期に日米野球に執念を燃やし続けた一人の男がいた。昭和を駆け抜けた一大興行師正力松太郎の野望と理想の野球追求の狭間で揺れ動いた鈴木惣太郎の一生を鮮やかに描いた評伝。